漢字

기탄 교과서 한자가 초등 한자교육의 기준이 되겠습니다

기탄의 교육이념과 함께 하며 자녀 교육을 몸소 실천해 주신 수백만 학부모님의 사랑으로 이제 기탄은 학부모님께 자녀교육의 기본이자 시작으로 인식 되고 있습니다. 값비싼 사교육비를 들이지 않고도 '과연 내 아이를 잘 가르칠 수 있을까?' 하고 의구심을 가졌던 분들도 기탄으로 자신 있게 가르치며 남다른 학습효과를 보고 있다고 이구동성으로 말씀하십니다.

최근 들어 기탄교재로 공부하는 어린이들이 폭발적으로 증가하고 있는 것은 그 동안 타성에 젖어 비싼 사교육에만 의존하던 학부모님들의 의식에 일대 변혁이 일어나고 있다는 증거이며, 자녀교육의 새로운 시작을 알리는 메시지라고 생각합니다.

초등한자의 바이블! 기탄교과서한자입니다

기탄교육은 기탄한자(A~D단계) 이후 학습할 수 있는 한자 학습프로그램을 만들어 달라는 학부모님들의 많은 성원에 힘입어 새롭게 기탄교과서한자를 선보이게 되었습니다. 기탄교과서한자는 기탄한자의 연계 학습프로그램으로 초등교과서 90여권을 총 분석, 10만여 한자어를 정리한 방대한 데이터베이스를 확보하였습니다. 이 중 교과서 출현 빈도, 중학교 교육용 필수 한자 범위 내에서 530여 한자어를 국어, 수학, 사회과 탐구 등 다양한 영역의 한자를 학습하게 했습니다.

특히 학교별 학력평가시험(일제고사) 부활로 인해 교과별 영역별 성적표에 성취도가 등급화 되는 것을 반영, 초등 교과서에 실린 각 과목의 한자어와 교과서 유형 문장학습으로 예습, 복습의 효과와 기초 논술력까지 길러줍니다. 뿐만 아니라 한자 카드, 쓰기 보따리, 형성평가가 입체적인 한자 학습을 이끌어갑니다. 또한 중국어에 대한 관심이 늘어가는 것을 고려, 간체자를 익혀 중국어 학습의 연계와 어학능력 계발의 기회를 마련하였습니다. 기탄한자에서 기탄교과서한자까지! 이제 유·초등 한자교육은 기탄한자에 맡겨 주십시오.

부모가 바뀌지 않으면 아이도 바뀌지 않습니다

무조건 비싼 사교육비를 들여서 아이를 남에게 맡긴다고 성적이 좋아지는 것은 아닙니다.
자녀교육은 부모의 사랑과 관심이 있어야 학습효과가 배가됩니다. 이제부터 부모님이 직접 챙겨주세요.
무조건 사교육에 우리 아이들을 맡기기 보다는 아이들 스스로 공부하는 힘을 길러줄 수 있도록 기초교육만큼은 부모님께서 직접 챙겨주세요. 앞으로도 기탄교육은 자녀와 함께 공부할 수 있는 최상의 교재를 만들기 위해 항상 먼저 학부모님의 마음을 들여다 보며 최선의 노력을 다하겠습니다.
기탄을 사랑하는 대한민국 모든 학부모님께 진심으로 감사의 말씀을 드립니다.

(주) 기탄교육 임직원 일동

기탄교과서한자는
초등학교 교과서에 쓰인 한자어를
총체 분석한 어휘력 향상 한자 학습 프로그램입니다

● 초등학교 교과서 90여권을 총분석, 교과서에 쓰인 한자어를 집대성한, 방대한 데이터베이스를 갖추어 학습 한자어를 선정, 발췌하였습니다.

기탄교과서한자는 지금까지 어떤 학습지사에서도 시도하지 않은 과학적, 실용적인 한자어 선정 작업을 거쳤습니다. 초등학교 교과서 90여권에 쓰인 한자어 분석 작업을 성균관대학교 한문학과 학생들에게 의뢰하여 10만여 한자어를 정리한 방대한 양의 데이터베이스를 갖추었습니다. 이중 교과서 출현 빈도와 실용도, 한자 학습상의 난이도를 고려하고, 중학교 교육용 필수한자의 범위 내에서 530여 한자어를 선정하여 국어, 수학, 사회과 탐구, 음악, 미술 등 다양한 영역에서 실용도 높은 한자어를 학습하게 됩니다. 또한 커리큘럼의 전개 방식은 학습자들이 낱낱의 한자 암기가 아닌, 교과서 예문 유형의 문장 속에서 한자와 한자어의 쓰임을 체득하여 어휘력을 신장시킬 수 있는 한자 학습 프로그램입니다.

● 낱개의 한자 학습 뿐만 아니라 언어 사고력을 높여 초·중·고등학교의 학력 평가와 논술의 기초 능력을 길러 줍니다.

초·중·고등학교의 시험이 달라집니다. 8년 전 폐지되었던 학교별 학력평가 시험(일제고사)이 시행되고 교과별, 영역별 성적표에 성취도가 등급화 되어 반영됩니다. 또, 2007학년도부터 중·고등 내신평가에서 종전의 단답형 시험유형을 줄이고 논술, 서술형의 시험문항 출제 비중이 50%로 확대되어 집니다. 기탄교과서한자는 초등학교 교과서에 실린 각 과목의 한자어와 교과서 유형 문장 학습으로 학습내용의 예습, 복습의 효과와 논술의 기초 능력까지 길러 줍니다.

● 학습자 스스로 한자의 무궁무진한 조어(造語)기능, 의미 함축 기능, 의미 확인 기능을 직접 체험할 수 있도록 구성하였습니다.

▶ 기탄교과서한자에서는 기초과정에서 이미 학습한 한자와 새로 배우는 한자를 더하여 교과서에 쓰인 한자어를 익히게 됩니다. 이러한 학습 과정을 통해 한자가 가진 조어력(造語力)을 아이들 스스로 체험해가며 조어와 독해의 원리까지 깨닫게 됩니다.

信 + 用 …… 信用 언행이나 약속이 틀림이 없을 것으로 믿음
　 + 義 …… 信義 믿음과 의리
　 + 念 …… 信念 굳게 믿어 의심하지 않는 마음

▶ 기탄교과서한자에서는 한자의 의미함축 기능을 익혀 전문화된 용어의 이해를 돕고, 아이들이 사용할 수 있게 됩니다. 한자는 뜻글자로서 하나의 한자마다 뜻을 함축하고 있어 전문용어나 고등지식의 습득을 용이하게 합니다.

투수? …… 던질 투(投) 손 수(手)
　　　　 그러면 던지는 손. 아하! 던지는 사람
　　　…… 사전적 의미
　　　　 야구에서 내야의 중앙에 위치하여 포수를 향해 공을 던지는 사람

▶ 기탄교과서한자에서는 한자의 의미 확인 기능을 익혀 언어의 바른 의미를 쉽게 파악할 수 있습니다. 한글로 쓰인 '의사'는 대략 8개 정도의 뜻을 지니고 있어 醫師(의사)인지, 意思(의사)인지, 아니면 義士(의사)인지 알기 어렵습니다. 그러나 한자를 익히면 의미가 명시적으로 드러나 그 뜻을 바로 확인할 수 있습니다.

의사 …… 意思 : 무엇을 하려고 하는 생각이나 마음
　　　…… 義士 : 의리와 지조를 굳게 지키는 사람
　　　…… 醫師 : 의술과 약으로 병을 고치는 직업에 종사하는 사람

기탄교과서한자는
낱개의 한자 학습 뿐만 아니라 언어 사고력을 높여
논술의 기초 능력까지 향상시키는 프로그램입니다

- **초등학교 교과서에 쓰인 한자어를 학습합니다.**

  초등학교 교과서에 쓰인 중학교 교육용 한자 900자 범위의 한자어를 사용 빈도, 출현 횟수, 한자 학습상의 난이도를 고려하여 학습 한자와 한자어를 선정하였습니다. 이는 종래의 한자 중심의 배열방식에서 벗어나 실용한자를 익혀 학습자의 언어 사고력을 높여 학습능력을 높이는 학습목표를 담아낸 것입니다.

- **한자의 특성을 학습자가 체험하며 깨닫는 원리체험 학습 프로그램입니다.**

  한자가 갖는 문자학적 특징은 조어력, 의미 함축성, 의미 명시성이 있습니다. 기탄교과서한자에서는 학습자가 스스로 이러한 특성을 깨달을 수 있게 됩니다. A~D단계의 학습으로 기초적인 상형, 지사자를 익힌 아이들은 기초적인 한자와 새로 배우게 될 한자의 결합, 즉 조어(造語)과정을 몸소 체험하며 깨달을 수 있게 됩니다. 이러한 경험으로 처음 만나는 단어를 접할지라도 그 의미를 유추하고 파악할 수 있는 능력을 기르도록 개발되었습니다.

- **문학, 인문, 역사, 위인, 실용문 등 다양한 영역의 폭넓은 소재를 통해 한자를 흥미롭게 학습합니다.**

  교과서에 실린 한자어를 교과서 유형의 단문 뿐만 아니라 다양한 글감들을 통해 심화학습하게 됩니다. 동화작가의 창작동화, 위인이야기, 시, 신문, 전래동화 등 문학, 인문, 역사, 위인, 실용문 등을 통해 한자를 흥미롭게 익힐 수 있도록 구성하였습니다.

- **기출 한자의 복습 재생으로 파지 효과를 높일 수 있습니다.**

  3주마다 한 번씩 독립된 복습주를 운용하여 학습내용의 파지 효과를 높일 수 있습니다. 또 매 장마다 앞서 배운 한자를 하단에 기재하여 교재내의 사전적 기능을 높이고 자학자습이 가능하도록 구성하였습니다.

- **한자 카드, 쓰기 보따리, 형성평가를 이용한 입체적 학습 방법론을 제시하였습니다.**

  학습지를 읽고 풀이하는 학습과 병행하여 한자 카드를 통한 훈음 기억 학습, 쓰기 보따리를 이용한 한자 암기 학습, 형성평가를 통한 자가 진단 등 주교재 이외의 학습 도구를 제시하였습니다. 이러한 보조교재들을 통해 아이들은 지루하지 않게 한자를 익히고 실력을 향상 시킬 수 있습니다.

- **간체자를 익혀 중국어 학습의 연계와 어학 능력 계발의 기회를 마련하였습니다.**

  학습 한자에 해당되는 간체자를 제시하여 한자 학습의 실용도를 높였습니다. 간체자를 아이가 모두 암기하지 못하더라도 간체자의 개념을 알게 되고, 중국어 학습에 자발적인 흥미유발의 기회가 될 수 있습니다.

어렸을 때 배운 한자는 평생을 통해 활용됩니다
한자 학습의 중요성이 날로 높아지고 있습니다

● 한자 학습은 왜 필요할까요?

한자 학습은 이제 선택이 아닌 필수가 되었습니다. 우리의 언어 생활에 반드시 필요한 영역이라는 인식과 함께 한자가 지닌 학문적 전이성, 시대적 필요성 등이 재해석 되고 있기 때문입니다.

첫째, 우리말의 70% 이상이 한자어로 이루어졌기 때문에 기본적인 언어 생활에 도움을 줍니다. 곧 우리말을 바르게 이해하고 올바른 국어 생활을 하기 위해서는 한자를 아는 것이 필수적입니다.

둘째, 국어, 수학, 사회, 역사, 외국어 등 다른 학과 공부에 많은 도움을 줍니다. 예를 들어 수학을 공부할 때 분자(分子), 분모(分母), 분수(分數) 등 한자를 알고 있는 아이라면 수학의 개념도 훨씬 더 쉽고 정확하게 이해할 수 있습니다. 이렇게 한자는 타과목의 도구 교과적인 성격을 갖고 있습니다.

셋째, 어휘력과 이해력의 신장으로 문장 의미 파악이 쉬워져 책을 가까이 하는 아이로 만들어 줍니다. 한자는 조어력(造語力)과 의미 함축성이 매우 뛰어난 문자입니다. 이러한 이유로 전문서적이나 학술 용어 등은 한자로 표현되어 있습니다. 많은 양의 독서 경험은 곧 아이의 생각하는 힘과 창의력을 길러 줍니다.

넷째, 한자나 한문에는 선인들의 지혜와 윤리관이 배어 있어 바람직한 가치관과 예의범절을 배울 수 있습니다. 고전, 명문 속에 담긴 효행, 우애, 경로 등 사상적인 유산을 통해 바람직한 가치관을 가질 수 있고 나아가 사람이 해야 할 도리, 어른을 공경하는 자세, 학문을 배우는 자세 등도 익힐 수 있습니다.

● 한자 학습의 추세는 어떤가요?

한자 사용을 사대주의적 발상, 중국의 문자 차용이라고 보는 종전의 시각에서 벗어나 이제는 우리 언어의 일부라는 인식이 확대되어 초등학생부터 성인까지 한자 학습 열풍이 불고 있습니다.

첫째, 한자능력검정시험의 자격증이 국가 공인 자격증으로 인정됨에 따라 유아~성인에 이르기까지 한자 학습 붐이 일고 있습니다.

둘째, 21세기의 주역으로 한자 문화권이 급부상함에 따라 중국어, 일본어의 기초로서 한자 학습의 열기가 높아지고 있습니다. 한자는 세계인구의 1/4이 사용하고 있는 국제 문자로서 앞으로 그 중요성은 날로 높아질 것입니다.

셋째, 2005년부터 대학 수학 능력 시험 외국어 영역에 한문 과목이 추가되고 중·고등학교의 시험 출제 유형에서 논술 유형 출제 비중이 높아짐에 따라 한자 학습의 조기 교육이 일반화되어 가고 있는 상황입니다.

넷째, 대부분의 초등학교에서 재량시간으로 한자 학습을 시행하고 있습니다. 70년대 이후 한자 교육을 전혀 받지 못했던 부모님들과는 달리 현재 대부분의 초등학생들이 한자를 배우고 있습니다.

다섯째, 각종 공문서, 도로 표지판 등에 한자를 병기하는 국가 정책과 경제계, 교육계 등 각계의 한자 학습 요구에 대한 발표로 한자 학습의 중요성은 더욱 높아지고 있는 상황입니다.

한자 학습은 아이의 두뇌를 개발해 줍니다
한자 학습의 체계! 기탄한자가 잡아 줍니다

● **한자 학습의 효과는 무엇인가요?**

▶ 한자는 그림에서 시작된 문자로서 구체적 이미지 자체가 곧 문자가 되었습니다. 이러한 시각적 이미지를 통한 학습은 곧 아동의 우뇌를 자극해 줍니다.

▶ 한자는 하나의 기초 개념에서 새로운 개념을 창출해 나갑니다. 이러한 과정을 통하여 아동의 창의력, 어휘력을 길러 줍니다.

▶ 한자는 저마다의 뜻, 소리, 모양을 각기 지닌 문자입니다. 이렇게 저마다의 뜻과 소리, 모양을 분석하는 연습을 통해 아동의 좌뇌 발달을 돕습니다.

▶ 한자는 부수와 몸이라는 수많은 부속품들의 조합으로 이루어진 문자입니다. 이러한 부속품들의 분리와 합체 과정을 통해 아이의 좌뇌를 발달하게 하고 논리력, 분석력을 키워 줍니다.

▶ 한자가 갖는 문자학적 특징은 조어력, 의미 함축성, 의미 명시성이 있습니다. 이미 만들어진 한자와 한자를 결합하여 새로운 단어를 만드는 조어력, 의미를 함축적으로 표현할 수 있는 의미 함축성, 의미가 바로 드러나는 의미 명시성이 있습니다.

한자 학습의 연구가 활발히 이루어지는 일본에서는 한자 학습의 시기가 빠를수록 좋다고 합니다. 그것은 우뇌 발달 시기인 6세 이전에 표의문자를 더 쉽게 받아들일 수 있으며, 초등학교 1학년 때가 가장 높은 효과를 보인다는 주장입니다. 그러므로 어른들의 관점으로 한자가 유아들에게 어렵다는 편견은 버려야 하며 한글을 어느 정도 읽을 수 있는 시기라면 한자 학습의 적기라고 할 수 있습니다.

● **기탄한자는 어떻게 구성되었나요?**

▶ 기탄한자는 그림과 놀이로 시작하는 기초 한자 과정에서부터 고전명저의 명문장까지 한자 학습의 체계를 세우는 프로그램입니다. 중학교 교육용 한자 900자의 범위에서 기초한자(낱자)과정 ➡ 조어(교과서 한자어)과정 ➡ 문장(고전)과정의 학습까지 한자 학습의 체계를 세우는 학습목표로 개발되었습니다.

▶ 기초한자(낱자)과정(A단계~D단계)에서는 한자를 처음 시작하는 유아에서 한자 학습의 경험이 없는 초등학교 2학년생을 대상으로 상형자, 지사자 등 쉬운 개념의 기초한자 168자를 익히게 됩니다.
시각 이미지를 통한 그림한자의 각인과 다양한 부교재를 통한 놀이 학습으로 재미있게 학습하는 특성을 지니고 있습니다. 또, 최고의 일러스트와 세련된 디자인으로 아동의 정서적 심미감을 기를 수 있는 프로그램입니다. 기존의 한자 교재와는 차별화된 학습 효과를 얻을 수 있습니다.

▶ 조어(교과서 한자어)과정(E단계~G단계)에서는 총 90여권의 초등학교 교과서에 쓰인 모든 한자어를 사용 빈도와 한자 난이도에 따라 분석한 방대한 양의 데이터베이스를 갖추어 156자의 학습 한자와 530여 한자어를 선정하였습니다.

신출 한자와 이미 학습한 기출 한자를 조합하여 새로운 어휘를 만들어 내는 무궁무진한 조어(造語)의 원리를 아이가 스스로 깨달아 이해력과 어휘력이 높은 아이로 자라나게 해줍니다. 또 단편적인 한자 암기 학습에서 벗어나 국어, 수학, 사회, 과학 영역의 다양한 예문 학습과 창작 동화, 인물, 시, 신문, 고전이야기 등의 학습으로 학교 수업에 자신감을 길러 주고 나아가 어휘력, 사고력 향상으로 논술의 기초 능력까지 배양해 줍니다.

구성내용

A·B단계 교재별 구성내용은 이렇습니다

◆ 기탄한자 **A단계** 호별 학습 내용 및 부교재

집	호		학습 한자	학습 한자어	부교재
1집	1	1a ~ 12a	山, 川, 日	강산, 등산/ 하천, 산천/ 日기, 日월	한자 모형 놀이 한자 카드 한자어 카드
	2	13a ~ 24a	月, 火, 水	반월, 월급/ 화산, 화재/ 수영장, 수요일	
	3	25a ~ 36a	木, 金, 土	木수, 식木일/ 金구, 황金/ 국土, 土지	
	4	37a ~ 48a	복습+놀이 학습	복습	
2집	5	49a ~ 60a	一, 二, 三	一등, 통一/ 二층, 二학년/ 三각형, 三총사	한자 창열기 놀이 한자 카드 한자어 카드
	6	61a ~ 72a	四, 五, 六	四방, 四계절/ 五선지, 五월/ 六학년, 六반	
	7	73a ~ 84a	七, 八, 九	북두七성, 七면조/ 八도강산, 八방미인/ 九관조, 九구단	
	8	85a ~ 96a	복습+놀이 학습	복습	
3집	9	97a ~ 108a	十, 百, 千	十자가, 十월/ 百점, 百화점/ 千자문, 千리마	한자 파노라마 놀이 한자 카드 한자어 카드
	10	109a ~ 120a	耳, 目, 口	耳목, 耳비인후과/ 제目, 면目/ 식口, 출입口	
	11	121a ~ 132a	人, 手, 足	人간, 人형/ 手술, 선手/ 足구, 수足	
	12	133a ~ 144a	복습+놀이 학습	복습	
4집	13	145a ~ 156a	田, 石, 玉	유田, 대田/ 石공, 石굴암/ 백玉, 玉동자	한자 브로마이드 한자 카드
	14	157a ~ 168a	力, 大, 小	인力거, 풍力/ 大학생, 大가족/ 小아과, 小인국	
	15	169a ~ 180a	上, 中, 下	上의, 上행선/ 中국, 中심/ 下교, 下인	
	16	181a ~ 192a	복습+총괄 평가+놀이 학습	복습	

◆ 기탄한자 **B단계** 호별 학습 내용 및 부교재

집	호		학습 한자	학습 한자어	부교재
1집	1	1a ~ 12a	犬, 牛, 羊	충犬, 애犬/ 牛유, 牛마차/ 羊모, 백羊	한자 모형 놀이 한자 카드 한자어 카드
	2	13a ~ 24a	父, 母, 子	父모, 父자/ 母녀, 학부母/ 子녀, 여子	
	3	25a ~ 36a	生, 心, 身	生일, 선生/ 心신, 안心/ 身체, 身장	
	4	37a ~ 48a	복습+놀이 학습	복습	
2집	5	49a ~ 60a	車, 士, 己	車도, 자전車/ 군士, 박士/ 자己, 극己	한자 창열기 놀이 한자 카드 한자어 카드
	6	61a ~ 72a	自, 工, 門	自동차, 自연/ 목工, 工장/ 대門, 창門	
	7	73a ~ 84a	刀, 王, 白	단刀, 은장刀/ 王자, 국王/ 白지, 흑白	
	8	85a ~ 96a	복습+놀이 학습	복습	
3집	9	97a ~ 108a	魚, 貝, 鳥	인魚, 魚항/ 貝물, 貝총/ 백鳥, 길鳥	한자 파노라마 놀이 한자 카드 한자어 카드
	10	109a ~ 120a	主, 册, 雨	主인, 主객/ 册상, 공册/ 雨산, 雨의	
	11	121a ~ 132a	風, 里, 竹	風차, 강風/ 里장, 里정표/ 竹림, 竹도	
	12	133a ~ 144a	복습+놀이 학습	복습	
4집	13	145a ~ 156a	草, 花, 馬	약草, 草가/ 무궁花, 花원/ 경馬장, 馬부	한자 브로마이드 한자 카드
	14	157a ~ 168a	男, 女, 夕	男녀, 미男/ 소女, 선女/ 夕양, 추夕	
	15	169a ~ 180a	舌, 齒, 面	작舌차, 舌음/ 齒과, 충齒/ 가面, 수面	
	16	181a ~ 192a	복습+총괄 평가+놀이 학습	복습	

C · D단계 교재별 구성내용은 이렇습니다

◆ 기탄한자 **C단계** 호별 학습 내용 및 부교재

집	호		학습 한자	학습 한자어	부교재
1집	1	1a ~ 12a	文, 化, 言, 才	文인, 文신/ 化석, 문化/ 言어, 言론/ 다才, 천才	한자 맞추기 놀이 한자 카드 한자어 카드
	2	13a ~ 24a	兄, 弟, 交, 友	兄弟, 학부兄/ 의兄弟, 弟子/ 交통, 외交/ 交友, 전友	
	3	25a ~ 36a	多, 少, 血, 肉	多정, 多少/ 少녀, 노少/ 심血, 血육/ 肉식, 肉신	
	4	37a ~ 48a	복습+놀이 학습	복습	
2집	5	49a ~ 60a	出, 入, 内, 外	出구, 出생/ 入구, 出入/ 국内, 차内/ 外국, 内外	한자 병풍 놀이 한자 카드 한자어 카드
	6	61a ~ 72a	去, 來, 立, 坐	去來, 과去/ 來일, 미來/ 자立, 立동/ 정坐	
	7	73a ~ 84a	光, 明, 行, 步	光명, 풍光/ 문明, 明월/ 산行, 行진/ 步병, 步행	
	8	85a ~ 96a	복습+놀이 학습	복습	
3집	9	97a ~ 108a	天, 地, 江, 河	天사, 天국/ 천地, 地구/ 江산, 江촌/ 河천, 은河수	한자 주사위 놀이 한자 카드 한자어 카드
	10	109a ~ 120a	毛, 皮, 角, 蟲	毛피, 양毛/ 목皮, 皮혁/ 녹角, 직角/ 초蟲, 해蟲	
	11	121a ~ 132a	古, 今, 衣, 食	古목, 古서/ 고今, 今일/ 우衣, 하衣/ 외食, 초食	
	12	133a ~ 144a	복습+놀이 학습	복습	
4집	13	145a ~ 156a	君, 臣, 兵, 卒	君주, 君신/ 臣하, 충臣/ 兵사, 兵력/ 卒병, 卒업	한자 브로마이드 한자 카드
	14	157a ~ 168a	方, 向, 左, 右	지方, 方향/ 풍向, 남向/ 左우, 左향左/ 右회전, 좌右명	
	15	169a ~ 180a	本, 末, 分, 合	근本, 本인/ 末일, 본末/ 分교, 分수/ 合창, 合심	
	16	181a ~ 192a	복습+총괄 평가+놀이 학습	복습	

◆ 기탄한자 **D단계** 호별 학습 내용 및 부교재

집	호		학습 한자	학습 한자어	부교재
1집	1	1a ~ 12a	靑, 赤, 音, 色	靑산, 靑년/ 赤색, 赤십자/ 音악, 音색/ 白色, 色지	한자 맞추기 놀이 한자 카드 한자어 카드
	2	13a ~ 24a	住, 所, 姓, 名	의식住, 住택/ 所감, 장所/ 姓명, 백姓/ 名작, 지名	
	3	25a ~ 36a	利, 用, 有, 無	利용, 예利/ 공用, 식用/ 有명, 소有/ 無인도, 無례	
	4	37a ~ 48a	복습+놀이 학습	복습	
2집	5	49a ~ 60a	公, 平, 意, 思	公공, 公무원/ 平화, 平야/ 意견, 동意/ 思고, 思상	한자 병풍 놀이 한자 카드 한자어 카드
	6	61a ~ 72a	老, 弱, 貧, 富	老인, 원老/ 弱세, 노弱/ 貧약, 貧혈/ 富귀, 富자	
	7	73a ~ 84a	正, 直, 忠, 孝	正직, 正답/ 直선, 直각/ 忠성, 忠언/ 孝도, 孝녀	
	8	85a ~ 96a	복습+놀이 학습	복습	
3집	9	97a ~ 108a	前, 後, 走, 止	역前, 오前/ 오後, 식後/ 활走로, 경走/ 止혈, 금止	한자 주사위 놀이 한자 카드 한자어 카드
	10	109a ~ 120a	法, 道, 完, 全	法률, 法원/ 道로, 道덕/ 完승, 完성/ 全국, 안全	
	11	121a ~ 132a	善, 惡, 長, 短	善악, 善행/ 惡마, 惡몽/ 長검, 사長/ 장短, 短명	
	12	133a ~ 144a	복습+놀이 학습	복습	
4집	13	145a ~ 156a	世, 界, 國, 家	世계, 출世/ 외界, 정界/ 國왕, 國어/ 家족, 작家	한자 브로마이드 한자 카드
	14	157a ~ 168a	東, 西, 見, 聞	東서남북, 東해/ 西구, 西부/ 발見, 見학/ 新聞, 풍聞	
	15	169a ~ 180a	南, 北, 兒, 童	南극, 南대문/ 北극, 北상/ 유兒, 兒동/ 목童, 童화	
	16	181a ~ 192a	복습+총괄 평가+놀이 학습	복습	

구성내용

E단계 교재별 구성내용은 이렇습니다

◆ 기탄교과서한자 E단계 호별 학습 내용 및 부교재

집	호	학습 한자	학습 한자어		심화 영역		부교재
1집	1	1a~16a	寸京品市	寸: 四寸, 外三寸, 四寸間 品: 食品, 用品, 作品	京: 上京, 京畿道, 京仁線 市: 市內, 市場, 市立	창작동화	소중한 지폐 한 장 1	한자 카드 쓰기보따리 형성평가
						고사성어	水魚之交	
						시	사랑스런 추억 - 윤동주	
	2	17a~32a	巨具各曲	巨: 巨人, 巨大, 巨木 各: 各各, 各自, 各國	具: 家具, 道具, 用具 曲: 作曲, 曲線, 行進曲	창작동화	소중한 지폐 한 장 2	
						고사성어	他山之石	
						시	봄 - 빅토르 위고	
	3	33a~48a	可由原因	可: 可能, 可決, 不可能 原: 原子力, 原因, 草原	由: 自由, 由來, 理由 因: 原因, 因果, 要因	창작동화	슬기로운 재판 1	
						고사성어	見物生心	
						시	절정 - 이육사	
	4	49a~64a	복습	복습		창작동화	슬기로운 재판 2	
						고사성어	漁夫之利	
						시	동방의 등불 - 타고르	
2집	5	65a~80a	同求失反	同: 同生, 同行, 合同 失: 失手, 失明, 失言	求: 求心力, 要求, 求人 反: 反面, 反省, 反共	창작동화	닭이 사람과 함께 살게 된 이유 1	한자 카드 쓰기보따리 형성평가
						고사성어	五十步百步	
						시	접동새 - 김소월	
	6	81a~96a	告共首民	告: 忠告, 原告, 告白 首: 自首, 首弟子, 首相	共: 共同, 公共, 共生 民: 市民, 國民, 民心	창작동화	닭이 사람과 함께 살게 된 이유 2	
						고사성어	登龍門	
						시	눈 내린 아침 - 이인로	
	7	97a~112a	元先年回	元: 元日, 元金, 元來 年: 少年, 靑年, 一年	先: 先生, 先山, 先王 回: 一回用品, 河回, 回轉	창작동화	쇠를 먹는 쥐 1	
						고사성어	馬耳東風	
						시	눈 오는 저녁 - 김소월	
	8	113a~128a	복습	복습		창작동화	쇠를 먹는 쥐 2	
						고사성어	白眉	
						시	만돌이 - 윤동주	
3집	9	129a~144a	不非未必	不: 不足, 不公平, 不平 未: 未安, 未來, 未完成	非: 非行, 是非, 非常口 必: 必要, 生必品, 不必要	창작동화	세 친구 1	한자 카드 쓰기보따리 형성평가
						고사성어	多多益善	
						시	삶이 그대를 속일지라도 - 푸슈킨	
	10	145a~160a	知加字幸	知: 知人, 知己, 告知 字: 文字, 數字, 十字	加: 加入, 加味, 加工 幸: 多幸, 不幸, 幸福	창작동화	세 친구 2	
						고사성어	聞一知十	
						시	집 - 김영랑	
	11	161a~176a	表形味香	表: 表面, 表情, 表明 味: 意味, 風味, 口味	形: 人形, 三角形, 地形 香: 香水, 香氣, 香	창작동화	꿀강아지 1	
						고사성어	知音	
						시	올벼 고개 숙이고 - 이현보	
	12	177a~192a	복습	복습		창작동화	꿀강아지 2	
						고사성어	竹馬故友	
						시	행복 - 한용운	
4집	13	193a~208a	星軍相和	星: 行星, 天王星, 北斗七星 相: 首相, 人相, 色相	軍: 軍人, 國軍, 軍士 和: 平和, 和音, 共和國	창작동화	흰 코끼리의 전설	한자 카드 쓰기보따리 형성평가
						고사성어	千里眼	
						시	나그네의 밤 노래 - 괴테	
	14	209a~224a	單別命祖	單: 單元, 名單, 食單 命: 生命, 人命, 命令	別: 別名, 別世, 分別 祖: 先祖, 祖上, 祖父母	창작동화	뱀이 기어 다니게 된 이유 1	
						고사성어	朝三暮四	
						시	말 없는 청산이오 - 성혼	
	15	225a~240a	居章異再	居: 住居, 居室, 同居 異: 異常, 異意, 大同小異	章: 文章, 圖章, 樂章 再: 再生, 再活用, 再三	창작동화	뱀이 기어 다니게 된 이유 2	
						고사성어	一擧兩得	
						시	〈사랑〉을 사랑하여요 - 한용운	
	16	241a~256a	복습	복습		창작동화	뱀이 기어 다니게 된 이유 3	
						고사성어	溫故知新	
						시	삶의 아침인사 - 애너 리티셔 바볼드	

F단계 교재별 구성내용은 이렇습니다

◆ 기탄교과서한자 F단계 호별 학습 내용 및 부교재

집	호		학습 한자	학습 한자어		심화 영역		부교재
1집	1	1a~16a	仁 仙 信 休	仁 : 仁川, 仁祖, 仁君 信 : 信用, 自信, 信念	仙 : 仙女, 水仙花, 仙人 休 : 公休日, 休火山, 休息	창작동화 고사성어 전래동화	달밤에 얻은 행운 1 天高馬肥 빨간부채 파란부채	한자 카드 쓰기보따리 형성평가
	2	17a~32a	安 宅 官 容	安 : 未安, 安心, 安全 官 : 法官, 官家, 外交官	宅 : 住宅, 自宅, 宅地 容 : 容恕, 內容, 美容	창작동화 고사성어 전래동화	달밤에 얻은 행운 2 大器晩成 사만년을 산 사람	
	3	33a~48a	海 洋 漁 洗	海 : 地中海, 東海, 海外 漁 : 漁夫, 漁村, 出漁	洋 : 東洋, 西洋, 海洋 洗 : 洗手, 洗車, 洗面	창작동화 고사성어 전래동화	백일홍이야기 1 孟母三遷 소금을 만드는 맷돌	
	4	49a~64a	복습	복습		창작동화 고사성어 전래동화	백일홍이야기 2 蛇足 우렁각시	
2집	5	65a~80a	他 位 俗 保	他 : 他人, 他地, 自他 俗 : 民俗, 風俗, 世俗	位 : 方位, 品位, 單位 保 : 保全, 安保, 保有	창작동화 고사성어 전래동화	꾀 많은 장님 1 梁上君子 꼭두각시와 목도령	한자 카드 쓰기보따리 형성평가
	6	81a~96a	守 室 客 定	守 : 守則, 保守, 守兵 客 : 主客, 客室, 客地	室 : 室內, 居室, 王室 定 : 一定, 決定, 安定	창작동화 고사성어 전래동화	꾀 많은 장님 2 良藥苦於口 잊으라 한 건 안 잊고	
	7	97a~112a	林 村 材 校	林 : 山林, 國有林, 竹林 材 : 木材, 石材, 人材	村 : 山村, 漁村, 民俗村 校 : 下校, 校長, 校門	창작동화 고사성어 전래동화	바보 영웅 이야기 1 座右銘 반쪽이	
	8	113a~128a	복습	복습		창작동화 고사성어 전래동화	바보 영웅 이야기 2 矛盾 고양이와 푸른 구슬	
3집	9	129a~144a	決 洞 注 流	決 : 決定, 決心, 可決 注 : 注文, 注意, 注目	洞 : 洞口, 洞長, 仁寺洞 流 : 上流, 交流, 流行	창작동화 고사성어 전래동화	괴물 잡은 이발사 同床異夢 임자가 따로 있는 요술 궤짝	한자 카드 쓰기보따리 형성평가
	10	145a~160a	便 作 使 代	便 : 便利, 便安, 大便 使 : 使用, 天使, 使臣	作 : 作心三日, 作用, 作品 代 : 古代, 代表, 代身	창작동화 고사성어 전래동화	수수께끼 하나 結草報恩 배나무골 이도령	
	11	161a~176a	念 志 感 想	念 : 信念, 記念, 一念 感 : 共感, 自信感, 所感	志 : 意志, 同志, 志士 想 : 回想, 思想, 感想	창작동화 고사성어 전래동화	행운을 찾아다니는 사나이 1 井中之蛙 하늘 나라 밭 구경	
	12	177a~192a	복습	복습		창작동화 고사성어 전래동화	행운을 찾아다니는 사나이 2 近墨者黑 솜뭉치 꼬리가 된 토끼	
4집	13	193a~208a	計 記 語 詩	計 : 時計, 合計, 生計 語 : 用語, 國語, 言語	記 : 日記, 記入, 記念 詩 : 童詩, 詩人, 三行詩	창작동화 고사성어 전래동화	그림자 없는 탑 1 有備無患 은혜 갚은 까치	한자 카드 쓰기보따리 형성평가
	14	209a~224a	情 性 進 造	情 : 人情, 友情, 心情 進 : 行進, 進出, 先進國	性 : 性品, 性情, 女性 造 : 造成, 造形, 人造	창작동화 고사성어 전래동화	그림자 없는 탑 2 走馬看山 두 개가 된 금덩이	
	15	225a~240a	始 好 雲 雪	始 : 始作, 元始, 始祖 雲 : 星雲, 白雲, 靑雲	好 : 同好人, 好意, 好感 雪 : 白雪, 雪景, 雪山	창작동화 고사성어 전래동화	그림자 없는 탑 3 螢雪之功 구렁이 신랑	
	16	241a~256a	복습	복습		창작동화 고사성어 전래동화	그림자 없는 탑 4 苦盡甘來 바리공주	

구성내용

G단계 교재별 구성내용은 이렇습니다

◆ 기탄교과서한자 **G단계** 호별 학습 내용 및 부교재

집	호		학습 한자	학습 한자어	심화 영역		부교재
1집	1	1a~16a	果實夫婦美	果 : 成果, 果實, 靑果, 無花果 實 : 行實, 實力, 實生活, 口實 夫 : 工夫, 夫子, 夫人, 漁夫 婦 : 主婦, 夫婦, 婦人, 婦女子 美 : 美化員, 美國人, 美人, 美化	인물	마크 트웨인	한자 카드 쓰기보따리 형성평가
					창작동화	소가 골라준 새 신랑 1	
					고사성어	改過遷善	
					기사문	돈 더 버는 아내 집안일 더 한다	
	2	17a~32a	重要活動得	重 : 重要, 所重, 貴重, 重大 要 : 必要, 主要, 要求, 要所 活 : 活用, 生活, 活字, 活力 動 : 活動, 行動, 動力, 動作 得 : 所得, 利得, 得失	인물	어네스트 톰슨 시튼	
					창작동화	소가 골라준 새 신랑 2	
					고사성어	錦衣還鄕	
					기사문	컬러식품 좋아좋아	
	3	33a~48a	夜景成功者	夜 : 夜食, 白夜, 夜光, 夜行 景 : 風景, 光景, 山景, 雪景 成 : 成長, 作成, 合成, 完成 功 : 成功, 功臣, 年功, 功力 者 : 記者, 富者, 步行者, 老弱者	인물	에디슨	
					창작동화	소가 골라준 새 신랑 3	
					고사성어	管鮑之交	
					기사문	日 간사이 5색 체험관광	
	4	49a~64a	복습	복습	인물	퀴리부인	
					창작동화	소가 골라준 새 신랑 4	
					고사성어	刻舟求劍	
					기사문	재교육기관 노크 해보자	
2집	5	65a~80a	時間空氣集	時 : 日時, 時代, 同時, 時計 間 : 人間, 山間, 時間, 中間 空 : 空中, 空間, 空册, 空想 氣 : 空氣, 香氣, 日氣, 大氣 集 : 文集, 集中, 詩集, 集合	인물	장영실	한자 카드 쓰기보따리 형성평가
					창작동화	거짓말 시합 1	
					고사성어	刮目相對	
					기사문	귀성길 차 안에서 게임 한판	
	6	81a~96a	現在協商事	現 : 表現, 現金, 現地, 出現 在 : 現在, 所在, 在京, 在來 協 : 協同, 協力, 協心, 協定 商 : 商人, 商品, 商去來, 協商 事 : 人事, 行事, 工事, 記事	인물	록펠러	
					창작동화	거짓말 시합 2	
					고사성어	吳越同舟	
					기사문	폴크스바겐 노·사 대협상	
	7	97a~112a	社會技能部	社 : 社長, 會社, 社交, 入社 會 : 大會, 社會, 面會, 立會 技 : 長技, 技法, 技術, 技能 能 : 技能, 能力, 可能, 才能 部 : 部分, 一部分, 外部, 一部	인물	콜럼버스	
					창작동화	말 잘 듣는 효자 1	
					고사성어	羊頭狗肉	
					기사문	국가중대사 국민합의가 필요	
	8	113a~128a	복습	복습	인물	앙리 뒤낭	
					창작동화	말 잘 듣는 효자 2	
					고사성어	完璧	
					기사문	시동 걸면 주행정보 쫙~	
3집	9	129a~144a	問答登場省	問 : 問安, 問題, 反問 答 : 問答, 答信, 正答, 回答 登 : 登山, 登校, 登用 場 : 市場, 工場, 入場, 場面 省 : 反省, 自省, 省墓	인물	리스트	한자 카드 쓰기보따리 형성평가
					창작동화	냄새 맡은 값 1	
					고사성어	指鹿爲馬	
					기사문	침체의 잠에 취한 라인강의 기적	
	10	145a~160a	春夏秋冬溫	春 : 春川, 春香, 立春, 靑春 夏 : 立夏, 春夏, 夏至 秋 : 秋夕, 秋風, 春秋 冬 : 冬至, 立冬, 春夏秋冬 溫 : 氣溫, 溫室, 溫水	인물	김홍도	
					창작동화	냄새 맡은 값 2	
					고사성어	塞翁之馬	
					기사문	스키장 잘 넘어져야 안 다친다	
	11	161a~176a	貴愛病死敬	貴 : 貴重, 高貴, 富貴, 貴人 愛 : 友愛, 愛國, 愛人, 愛犬 病 : 問病, 白血病, 病室, 病名 死 : 生死, 死亡者, 不死身, 病死 敬 : 恭敬, 敬老, 敬老席, 敬語	인물	안중근	
					창작동화	아버지의 유서 1	
					고사성어	難兄難弟	
					기사문	은행나무 천국 부석사 가는길	
	12	177a~192a	복습	복습	인물	황희	
					창작동화	아버지의 유서 2	
					고사성어	四面楚歌	
					기사문	서울과 워싱턴 마음을 열 때가	
4집	13	193a~208a	物件發電書	物 : 古物, 文物, 人物 件 : 物件, 事件, 用件 發 : 發生, 出發, 發明, 發見 電 : 電力, 電子, 電車, 電氣 書 : 文書, 古書, 書名	인물	벤자민 프랭클린	한자 카드 쓰기보따리 형성평가
					창작동화	선행과 쾌락 1	
					고사성어	三顧草廬	
					기사문	대한민국은 배달천국	
	14	209a~224a	高低苦樂朝	高 : 高音, 高溫, 高貴, 高見 低 : 低溫, 低下, 低利, 低學年 苦 : 苦生, 苦心, 苦行 樂 : 音樂, 安樂, 樂山 朝 : 王朝, 朝夕, 朝會	인물	루소	
					창작동화	선행과 쾌락 2	
					고사성어	脣亡齒寒	
					기사문	중소기업 곳에도 길이 있다	
	15	225a~240a	眞理學習賞	眞 : 眞情, 眞空, 眞心 理 : 心理, 原理, 眞理, 一理 學 : 學年, 學生, 入學, 見學 習 : 學習, 風習, 自習 賞 : 賞品, 孝行賞, 大賞, 賞金	인물	전봉준	
					창작동화	아가씨와 우유 1	
					고사성어	守株待兎	
					기사문	들리지! 눈 쌓은 숲 생명의 소리	
	16	241a~256a	복습	복습	인물	뢴트겐	
					창작동화	아가씨와 우유 2	
					고사성어	臥薪嘗膽	
					기사문	물건값 계산 … 약도 그리기 …	

학부모 여러분, 〈기탄한자〉는 이렇게 지도해 주세요

1. 학습자의 능력보다 낮은 단계에서 시작하세요.

기탄한자 A~G단계는 기초 한자부터 초등학교 교과서에 쓰인 한자어를 학습하는 프로그램입니다. 한글을 아는 유아에서부터 한자 학습의 경험이 있는 초등학교 6학년 학생을 대상으로 개발되었습니다. 그러나 한자 학습의 경험이 있는 아이라도, 학습자의 경험이나 능력보다 낮은 단계에서 시작하는 것이 바람직합니다. 특히 각 단계의 1집부터 순차적으로 학습해 나가는 것은 매우 중요합니다. 간혹 학부모님의 판단에 따라 단계의 생략은 가능하지만 2, 3집부터 시작하는 것은 옳지 않은 진도 진행입니다. 아이가 학습에 부담을 느끼지 않고 한자 공부는 쉽고 재미있다는 느낌을 가질 수 있도록 A단계 1집에서부터 시작하는 것이 가장 이상적인 출발점입니다.

2. 복습호는 반드시 부모님이 함께 해 주세요.

각 집(권)마다 앞서 배운 한자의 복습호가 구성되어 있습니다. 복습호에서는 항상 형성평가를 실시하여 학습 수용도를 점검합니다. 이 때 부모님이 반드시 채점을 해 주시고, 결과에 따라 적절한 칭찬과 동기유발이 필요합니다. 또 복습주마다 구성된 놀잇감(A~D단계)으로 아이와 함께 놀아 주세요.

3. 교재 구입 즉시 분책하여 사용하세요.

〈기탄한자〉는 구입 즉시 분책하여 사용할 수 있도록 매주 학습할 분량이 별도의 책으로 특수제본(4in1시스템)되어 있습니다. 보통 책은 1번 제본하는 것으로 끝나지만 〈기탄한자〉는 무려 5번의 제본 과정을 거쳐 제작되었습니다. 각 호가 끝날 때마다 새 책으로 공부하게 되므로 아이에게 성취감과 기대감을 갖게 하고 학습 효과도 극대화시켜 줍니다.

4. 매일 일정한 시간에 규칙적으로 학습하게 하세요.

하루 5~10분을 학습하더라도 규칙적으로 학습하는 것이 중요합니다. 1호 분량이 1주일(5일) 학습 분량이므로 한번에 억지로 하지 않게 하고, 반대로 너무 많은 양을 한꺼번에 하는 것도 좋지 않습니다. 어렸을 때부터 조금씩 매일매일 공부하는 습관을 길러 주도록 합니다.

5. 부모님이 직접 지도해 주세요.

〈기탄한자〉는 교사 방문 학습지와는 달리 아이 스스로 공부하고 부모님이 체크하는 자율적인 학습 모델을 채택하고 있습니다. 따라서 타 학습지 회사에서는 지도교사에게만 제공하는 지도 지침을 해당 호에 상세히 실었습니다. 각 호의 첫 장에 실린 '이렇게 도와주세요', '이번 주 학습포인트'에서는 한 주 동안의 지도 요점이 기재되어 있고, 각 페이지의 하단에도 지도 요점, 주의 사항 등을 기재하였습니다. 학부모님들이 〈기탄한자〉의 기획의도, 학습목표, 지도방법 등을 쉽게 이해하고 아이들에게 가르치기 편하도록 최대한 배려하였습니다.

6. 이미 익힌 한자는 아이가 실생활 속에서 활용하게 하세요.

아이가 이미 익힌 한자는 실생활 속에서 최대한 많은 사용 기회를 갖게 해 줍니다. 알았던 한자도 오랫동안 사용하지 않으면 잊혀지게 됩니다. 학습된 한자를 신문, 책, 대중매체, 인쇄물 등을 활용하여 확인하게 하고 글을 쓸 때 알고 있는 한자로 표현해 볼 기회를 자주 갖도록 합니다.

단계별 학습 한자와 한자능력검정시험 급수 배정 안내

단계	학습 한자	급수 응시 가이드
A단계	• 8급 : 山, 日, 月, 火, 水, 木, 金, 土, 一, 二, 三, 四, 五, 六, 七, 八, 九, 十, 人, 大, 小, 中 • 7급 : 川, 百, 千, 口, 手, 足, 力, 上, 下 • 6급·6급Ⅱ : 目, 石　• 5급 : 耳　• 4급Ⅱ : 田, 玉	A단계에서는 상형자, 지사자 중심의 기초한자 36자를 익혔습니다. 이는 한자능력검정시험 배정한자 중 **8급, 7급 배정한자 31자**와 **상위급수 한자 5자**가 포함됩니다. 학습자의 학년, 나이, 학습수용도에 따라 **8급, 7급 이내**에서 응시용 수험서(기탄급수한자 빨리따기)로 준비한 후 자격증 취득에 도전해 보세요.
B단계	• 8급 : 父, 母, 生, 門, 王, 白, 女 • 7급 : 子, 心, 車, 自, 工, 主, 里, 草, 花, 男, 夕, 面 • 6급·6급Ⅱ : 身, 風　• 5급 : 牛, 士, 己, 魚, 雨, 馬 • 4급Ⅱ : 羊, 鳥, 竹, 齒　• 4급 : 犬, 冊, 舌 • 3급Ⅱ : 刀　• 3급 : 貝	B단계에서는 상형자, 지사자 중심의 기초한자 36자를 익혔습니다. 이는 A단계 학습 한자부터 누적하면 한자능력검정시험 배정한자 중 **8급, 7급 배정한자 50자**와 **상위급수 한자 22자**가 포함됩니다. 학습자의 학년, 나이, 학습수용도에 따라 **8급, 7급 이내**에서 응시용 수험서(기탄급수한자 빨리따기)로 준비한 후 자격증 취득에 도전해 보세요.
C단계	• 8급 : 兄, 弟, 外 • 7급 : 文, 少, 出, 入, 內, 來, 立, 天, 地, 江, 食, 方, 左, 右 • 6급·6급Ⅱ : 言, 才, 交, 多, 光, 明, 行, 角, 古, 今, 衣, 向, 本, 分, 合 • 5급 : 化, 友, 去, 河, 臣, 兵, 卒, 末 • 4급Ⅱ : 血, 肉, 步, 毛, 蟲　• 4급 : 君　• 3급Ⅱ : 坐, 皮	C단계에서는 형성자, 회의자를 중심으로 48자의 기초한자를 익혔습니다. 이는 A단계 학습 한자부터 누적하면 한자능력검정시험 배정한자 중 **7급 배정한자 67자, 6급·6급Ⅱ 배정한자 86자**와 **상위급수 한자 34자**를 익혔습니다. 학습자의 학년, 나이, 학습수용도에 따라 **7급, 6급·6급Ⅱ 이내**에서 응시용 수험서(기탄급수한자 빨리따기) 로 준비한 후 자격증 취득에 도전해 보세요.
D단계	• 8급 : 靑, 長, 國, 東, 西, 南, 北 • 7급 : 色, 住, 所, 姓, 名, 有, 平, 老, 正, 直, 孝, 前, 後, 道, 全, 世, 家 • 6급·6급Ⅱ : 音, 利, 用, 公, 意, 弱, 短, 界, 聞, 童 • 5급 : 赤, 無, 思, 止, 法, 完, 善, 惡, 見, 兒 • 4급Ⅱ : 貧, 富, 忠, 走	D단계에서는 형성자, 회의자를 중심으로 48자의 기초한자를 익혔습니다. 이는 A단계 학습 한자부터 누적하면 한자능력검정시험 배정한자 중 **7급 배정한자 91자, 6급·6급Ⅱ 배정한자 120자**와 **상위급수 한자 48자**를 익혔습니다. 학습자의 학년, 나이, 학습수용도에 따라 **7급, 6급·6급Ⅱ 이내**에서 응시용 수험서(기탄급수한자 빨리따기)로 준비한 후 자격증 취득에 도전해 보세요.
E단계	• 8급 : 寸, 民, 先, 年, 軍　• 7급 : 市, 同, 不, 字, 命, 祖 • 6급·6급Ⅱ : 京, 各, 由, 失, 反, 共, 幸, 表, 形, 和, 別, 章 • 5급 : 品, 具, 曲, 可, 原, 因, 告, 首, 元, 必, 知, 加, 相, 再 • 4급Ⅱ : 求, 回, 非, 未, 味, 香, 星, 單　• 4급 : 巨, 居, 異	E단계에서는 형성자, 회의자를 중심으로 48자의 필수한자를 익혔습니다. 이는 A단계 학습 한자부터 누적하면 한자능력검정시험 배정한자 중 **7급 배정한자 102자, 6급·6급Ⅱ 배정한자 143자**와 **상위급수 한자 73자**를 익혔습니다. 학습자의 학년, 나이, 학습수용도에 따라 **6급·6급Ⅱ, 5급 이내**에서 응시용 수험서(기탄급수한자 빨리따기)로 준비한 후 자격증 취득에 도전해 보세요.
F단계	• 8급 : 室, 校　• 7급 : 休, 安, 海, 林, 村, 洞, 便, 記, 語 • 6급·6급Ⅱ : 信, 洋, 定, 注, 作, 使, 代, 感, 計, 始, 雪 • 5급 : 仙, 宅, 漁, 洗, 他, 位, 客, 材, 決, 流, 念, 情, 性, 雲 • 4급Ⅱ : 官, 容, 俗, 保, 守, 志, 想, 詩, 進, 造, 好 • 4급 : 仁	F단계에서는 형성자, 회의자를 중심으로 48자의 필수한자를 익혔습니다. 이는 A단계 학습 한자부터 누적하면 한자능력검정시험 배정한자 중 **7급 배정한자 113자, 6급·6급Ⅱ 배정한자 165자**와 **상위급수 한자 99자**를 익혔습니다. 학습자의 학년, 나이, 학습수용도에 따라 **6급·6급Ⅱ, 5급 이내**에서 응시용 수험서(기탄급수한자 빨리따기)로 준비한 후 자격증 취득에 도전해 보세요.
G단계	• 8급 : 學 • 7급 : 夫, 重, 活, 動, 時, 間, 空, 氣, 事, 問, 答, 登, 場, 春, 夏, 秋, 冬, 物, 電 • 6급·6급Ⅱ : 果, 美, 夜, 成, 功, 者, 集, 現, 在, 社, 會, 部, 省, 溫, 愛, 病, 死, 發, 書, 高, 苦, 樂, 朝, 理, 習 • 5급 : 實, 要, 景, 商, 技, 能, 貴, 敬, 件, 賞 • 4급Ⅱ : 婦, 得, 協, 低, 眞	G단계에서는 형성자, 회의자를 중심으로 60자의 필수한자를 익혔습니다. 이는 A단계 학습 한자부터 누적하면 한자능력검정시험 배정한자 중 **7급 배정한자 133자, 6급·6급Ⅱ 배정한자 210자**와 **상위급수 한자 114자**를 익혔습니다. 학습자의 학년, 나이, 학습수용도에 따라 **6급·6급Ⅱ, 5급 이내**에서 응시용 수험서(기탄급수한자 빨리따기)로 준비한 후 자격증 취득에 도전해 보세요.

※ 이 표는 기탄한자 학습 후 한자능력검정시험 자격증 취득의 연계를 위한 지침입니다. 학습자의 학습경험이나 상태에 따라 개별적인 지침이 달라질 수 있습니다.

1 호

기탄교과서한자 G단계 1집 1a~16a

G1집
1a-64a

4 in 1 시스템

기탄교과서한자는 학습효과를 극대화하기 위해 매주 학습할 분량이 별도의 책으로 특수제본되어 있습니다.

본 교재는 1권의 책 속에 1주일 학습할 분량의 교재 4권이 들어 있는 4 in 1 시스템으로 제본되어 있습니다. 따라서 4권의 책으로 분리되는 것이 정상적인 제본이며, 호별로 빼내어 학습하시면 아주 효과적입니다.

G1집
1호
1a-16a

초등 교과서 한자어를 총체 분석한 어휘력 향상 한자 학습 프로그램

공부한 날	월 일 ~ 월 일
	교 반
이름	전화

www.gitan.co.kr

기초부터 탄탄하게
기탄교육

G단계 학습 한자 일람

G단계							
1집	果, 實, 夫, 婦, 美	2집	時, 間, 空, 氣, 集	3집	問, 答, 登, 場, 省	4집	物, 件, 發, 電, 書
	重, 要, 活, 動, 得		現, 在, 協, 商, 事		春, 夏, 秋, 冬, 溫		高, 低, 苦, 樂, 朝
	夜, 景, 成, 功, 者		社, 會, 技, 能, 部		貴, 愛, 病, 死, 敬		眞, 理, 學, 習, 賞
	복습		복습		복습		복습

학습 진단 관리표

	한자		한자어		이번 주는			
금주평가	읽기	쓰기	읽기	쓰기				
	Ⓐ 아주 잘함	Ⓐ 아주 잘함	Ⓐ 아주 잘함	Ⓐ 아주 잘함	● 학습방법	❶ 매일매일	❷ 가끔	❸ 한꺼번에 하였습니다.
	Ⓑ 잘함	Ⓑ 잘함	Ⓑ 잘함	Ⓑ 잘함	● 학습태도	❶ 스스로 잘	❷ 시켜서 억지로 하였습니다.	
	Ⓒ 보통	Ⓒ 보통	Ⓒ 보통	Ⓒ 보통	● 학습흥미	❶ 재미있게	❷ 싫증내며 하였습니다.	
	Ⓓ 노력해야 함	Ⓓ 노력해야 함	Ⓓ 노력해야 함	Ⓓ 노력해야 함	● 교재내용	❶ 적합하다고	❷ 어렵다고	❸ 쉽다고 하였습니다.
	지도 교사가 부모님께				부모님이 지도 교사께			

종합평가	Ⓐ 아주 잘함	Ⓑ 잘함	Ⓒ 보통	Ⓓ 노력해야 함

1일차 (1a~3b)
- F단계에서 배운 始, 好, 雲, 雪의 훈, 음, 형, 한자어를 복습합니다.
- G단계부터는 한 주에 5자의 한자와 파생된 20여개의 한자어를 학습합니다.
- 인물 이야기 '마크 트웨인의 생애'를 읽고 이번 주 학습 한자를 찾아봅니다.

2일차 (4a~6b)
- 알아보기를 통하여 이번 주에 학습할 果, 實의 3요소와 필순, 부수를 학습합니다.
- 만화로 고사성어 改過遷善의 뜻과 쓰임을 알아보고 적절하게 사용할 수 있습니다.

3일차 (7a~10b)
- 알아보기를 통하여 이번 주에 학습할 夫, 婦, 美의 3요소와 필순, 부수를 학습합니다.
- 夫의 상형 과정, 婦, 美의 회의 과정을 이해하여 훈음을 기억합니다.
- 동화 '소가 골라 준 새 신랑'을 읽고 학습한 한자를 문장 속에서 활용합니다.

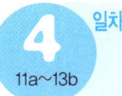
4일차 (11a~13b)
- 조어(造語) 원리를 알고 果, 實, 夫, 婦, 美와 다른 한자를 결합하여 만든 한자어를 익힙니다.
- 신문 기사를 읽고 기사문 속에 한자의 3요소를 적용하여 학습하도록 합니다.

5일차 (14a~16a)
- 풀어보기를 통해 학습 한자를 정리하고 읽을거리 '점심'을 읽고 점심의 유래와 어원을 알아봅니다.
- 형성평가를 풀이하여 한 주 학습의 성취도를 스스로 진단해 봅니다.

1. 다음 빈 칸에 알맞은 훈음을 쓰세요.

始 　훈: ____　음: ____

好 　훈: ____　음: ____

雪 　훈: ____　음: ____

雲 　훈: ____　음: ____

2. 서로 관련 있는 것끼리 선으로 이으세요.

始　•　　　•　女 부수 – 총 8획

好　•　　　•　雨 부수 – 총 12획

雲　•　　　•　雨 부수 – 총 11획

雪　•　　　•　女 부수 – 총 6획

3. 다음 보기 에서 알맞은 한자어를 찾아 쓰세요.

| 보기 | 始作 | 好意 | 白雲 | 雪山 |

- 눈이 쌓인 산 …… 雪山
- 남에게 보이는 친절한 마음씨 …… 好意
- 흰 구름 …… 白雲
- 무엇을 처음으로 하거나 쉬었다가 다시 함 …… 始作

4. 다음 보기 에서 알맞은 음을 찾아 쓰세요.

| 보기 | 시작 | 백설 | 호의 |

가족들 모두 관악산에 올랐습니다. 가을이 되고 단풍이 물들기 始作[시작]한 산은 이곳 저곳 정말 아름다웠습니다. 산에서 만나는 사람들은 모두 好意[호의]를 베풀어 서로 인사를 나누고 싸 온 음식을 나누어 먹었습니다.
곧 겨울이 오면 白雪[백설]이 덮인 산에 한 번 더 오기로 마음먹었습니다.

果實 찾아보기

果, 實이 쓰인 문장을 읽고 빈 칸에 한자어의 음을 쓰세요.

나무를 보호하고 좋은 **果實**(과실)을 얻기 위하여 너무 많이 달린 과실을 솎아 내는 일을 열매솎기라 합니다.

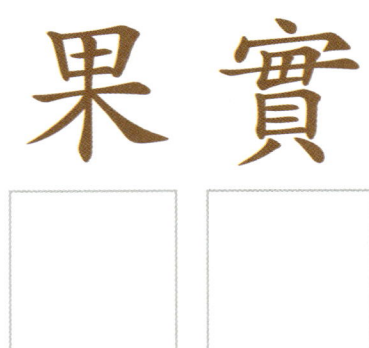

엄마, 아빠는 채팅 덕분에 타자 **實力**(실력)이 느는 것은 좋아하시면서 내가 채팅하는 건 무척 싫어하신다.

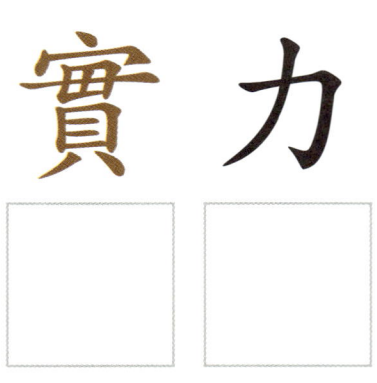

확인하기 力 : 힘 력(A4-14) • 力은 A단계 4집 14호에서 학습한 한자입니다.

夫, 婦가 쓰인 문장을 읽고 빈 칸에 한자어의 음을 쓰세요.

통신과 인터넷의 발달로 컴퓨터 화면을 통하여 **工夫(공부)**할 수 있는 기회가 많아졌다.

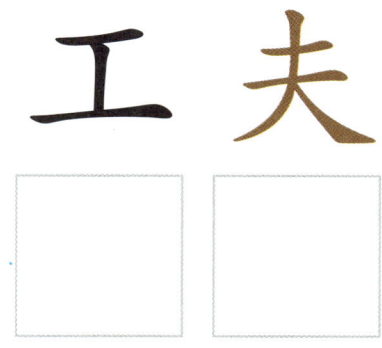

工 夫

가정 **主婦(주부)**들이 국산품을 애용하고 한 푼이라도 아껴 써야 어려운 경제 상황을 이겨 낼 수 있습니다.

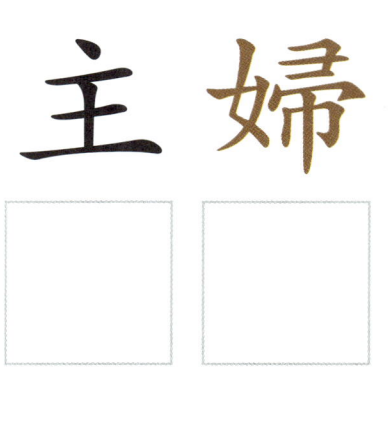

主 婦

확인하기 工 : 장인 공(B2-6)   主 : 주인 주(B3-10)

📖 美가 쓰인 문장을 읽고 빈 칸에 한자어의 음을 쓰세요.

아빠는 환경 **美化員(미화원)** 일을 하시면서 자신의 직업에 보람을 느끼며 생활하신다.

📖 果, 實, 夫, 婦, 美가 쓰인 한자어의 음을 읽어 보세요.

확인하기 化 : 될 화(C1-1)   員 : 인원 원   力 : 힘 력(A4-14)   工 : 장인 공(B2-6)   主 : 주인 주(B3-10)

人物 이야기로 배우는 漢字

🌙 인물 이야기를 통해 果, 實, 夫, 婦, 美의 훈음을 알아보세요.

자유로움을 꿈꿨던 소설가 마크 트웨인

마크 트웨인은 소년 시절을 미시시피 강 유역에서 보냈습니다. 미시시피 강은 우리에게 널리 알려진 ≪톰소여의 모험≫과 ≪허클베리핀의 모험≫의 배경이 된 곳이지요. 그는 강가에서 많은 친구들과 더불어 자유롭게 뛰어다녔습니다. 그런 생활은 훗날 작가로서 재미난 이야기를 쓸 수 있는 결**과(果)**를 가져왔습니다. 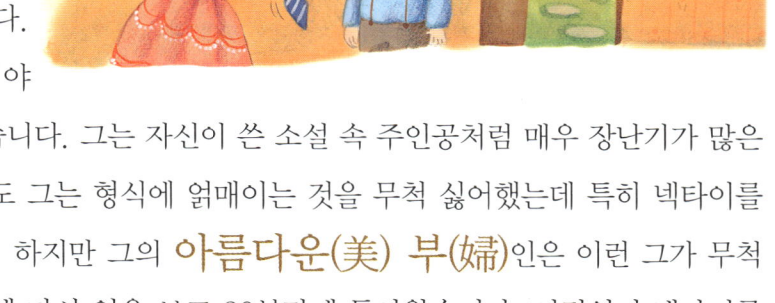 그는 자신이 쓴 소설 속 주인공처럼 매우 장난기가 많은 사람이었습니다. 또한 현**실(實)**에서도 그는 형식에 얽매이는 것을 무척 싫어했는데 특히 넥타이를 하는 것을 매우 불편해 했다고 합니다. 하지만 그의 **아름다운(美) 부(婦)**인은 이런 그가 무척 못마땅했습니다. 어느 날 그가 이웃집에 가서 일을 보고 30분만에 돌아왔습니다. 어김없이 넥타이를 하지 않은 모습을 보고 그의 부인이 불평을 했습니다.

"도대체 옆집 사람들이 뭐라고 하겠어요! 제발 부탁이니 넥타이 좀 매고 다니세요!"

그러자 그는 편지 한 장을 썼습니다.

[조금전 넥타이를 매고 가지 않아 아내에게 야단맞았습니다. 늦게나마 넥타이를 보내니 제가 그 집에서 머문 30분만 보시고 다시 돌려 주십시오.]

이웃집 **부부(夫婦)**는 그 편지와 넥타이를 보고 한참동안 배꼽을 잡고 웃었다고 합니다.
이 이야기만 보고도 그가 얼마나 유머있는 사람인지 아시겠지요?

果 : 열매 **과**   實 : 열매 **실**   夫 : 남편 **부**   婦 : 아내 **부**   美 : 아름다울 **미**

마크 트웨인	[Mark Twain, 1835.11.30~1910.4.21] 미국의 소설가로 가난한 개척민의 아들로 태어나 인쇄소의 견습공으로 일했습니다. 남북전쟁 이후 신문기자로 일하다 단편소설을 쓰기 시작했습니다. 주요 저서로는 ≪톰소여의 모험≫ ≪허클베리핀의 모험≫ 등이 있으며 이러한 작품을 통해 문명에 오염되지 않은 자연인의 삶을 보여주었습니다.

果의 훈과 음을 읽어 보세요.

훈: 열매   음: 과

果가 만들어진 유래를 알아보세요.

나무 위에 주렁주렁 달려 있는 열매의 모양을 본떠 만든 한자입니다. 열매, 과일이라는 뜻을 나타냅니다.

빈 칸에 알맞게 쓰세요.

果는 나무 위에 주렁주렁 달려 있는 열매의 모양을 본떠 만든 한자로

훈은 [   ] 이고, 음은 [   ] 입니다.

확인하기 • 果에 사용된 田은 밭이라는 뜻이 아니고 나무 위에 달린 과일의 모양이 田으로 바뀐 것이며, 원래는 田이 3개 있었으나 쓰기 편하도록 1개로 줄어든 것입니다.

🌏 果의 부수와 총획수를 알아보고 빈 칸에 알맞게 쓰세요.

果
열매 과

부수 – 木   총획 – 8획

▶ 木은 '나무 목' 입니다.

· 果의 **훈**은 [　　] 이고, **음**은 [　　] 입니다.
· 果의 **부수**는 [　　] 이고, **총획**은 [　　] 입니다.

✏️ 果의 필순을 알아보고 알맞게 쓰세요.

丨 冂 曱 日 旦 里 果 果

확인하기 • 田(밭 전)과 木(나무 목)으로 분리해서 밭(田)에 있는 나무(木)에 '열매' 가 매달린다고 기억하여도 좋습니다.

기탄한자 G1-4b

實의 훈과 음을 읽어 보세요.

훈: **열매** 음: **실**

實이 만들어진 유래를 알아보세요.

宀 + 冊 + 貝 → 實

집 면   꿰뚫을 관   조개 패

宀(집 면)과 冊(꿰뚫을 관)과 貝(조개 패)를 합한 한자입니다. 집(宀) 안에 궤짝(冊)이 있고, 그 안에 돈(貝)이 있는 모양으로 열매, 가득 차다, 재물이라는 뜻을 나타내게 된 한자입니다.

빈 칸에 알맞게 쓰세요.

實은 [宀 (집 면)]과 [冊 (꿰뚫을 관)]과 [(조개 패)]를 합한 한자로

훈은 [　　] 이고, 음은 [　　] 입니다.

宀: 집 면   冊: 꿰뚫을 관   貝: 조개 패(B3-9)   • 貝는 옛날에 현재의 돈처럼 사용되던 귀중한 물건이었습니다.

🌙 實의 부수와 총획수를 알아보고 빈 칸에 알맞게 쓰세요.

實
열매 실

부수 – 宀　　총획 – 14획

▶ 宀은 '집 면' 입니다.
▶ 宀은 한자의 윗부분에 쓰이면 '갓머리' 라고도 읽습니다.

· 實의 **훈**은 [　　] 이고, **음**은 [　　] 입니다.

· 實의 **부수**는 [　　] 이고, **총획**은 [　　] 입니다.

✍ 實의 필순을 알아보고 알맞게 쓰세요.

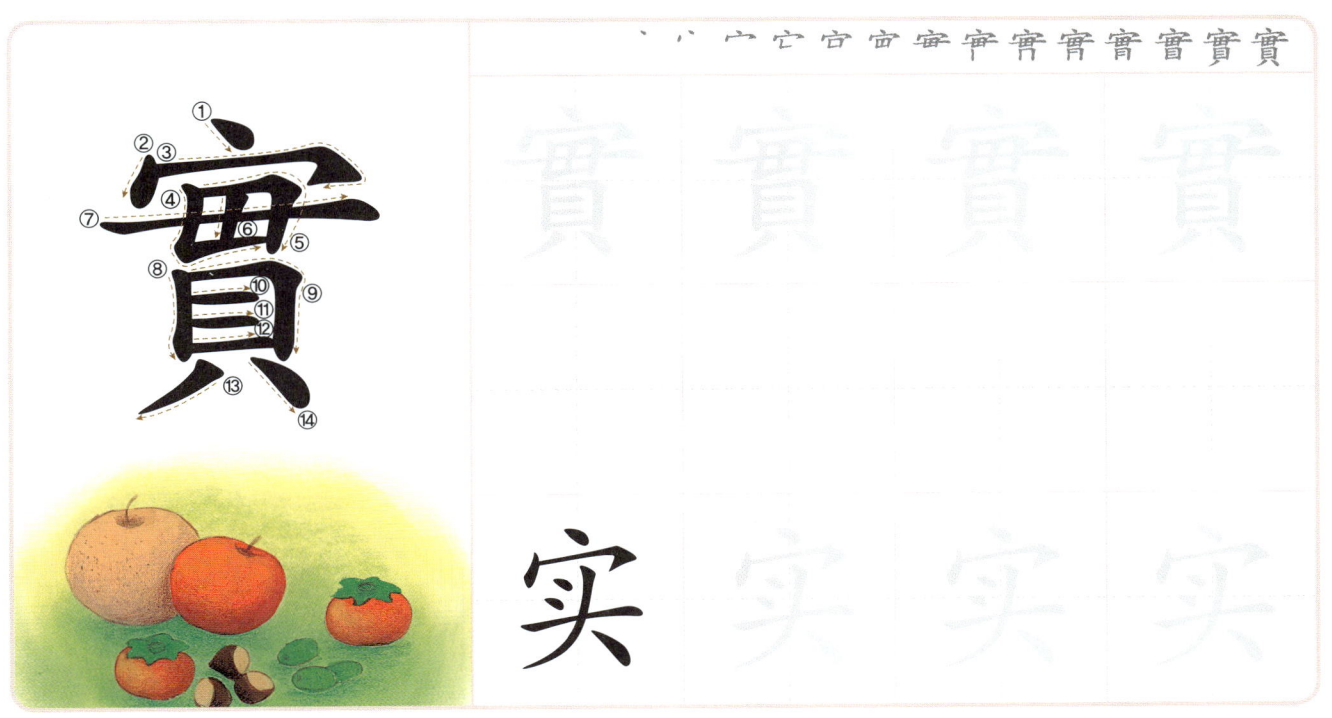

확인하기 · 实은 實의 간체자입니다. 간체자(簡體字)는 중국에서 필획이 많고 복잡한 본래의 정자체를 줄여서 간단히 만든 한자를 말합니다. 곧 중국에서는 實을 实로 표기합니다.

改過遷善

改 : 고칠 개   過 : 허물 과   遷 : 옮길 천   善 : 착할 선

잘못 들어선 길을 버리고 착한 사람으로 다시 태어나겠다는 결의를 실천하여 착하게 됨을 이르는 말입니다. 온갖 악행을 일삼던 주처라는 사람이 마음을 고쳐먹고 학문과 덕을 닦아 마침내 학자가 되었다는 고사에서 유래된 성어입니다.

알아보기

🔍 夫의 훈과 음을 읽어 보세요.

훈:남편　음:부

🔍 夫가 만들어진 유래를 알아보세요.

덩치 큰 어른(大)이 머리에 비녀(一)를 꽂고 있는 모양을 본떠 만든 한자입니다. 사나이, 지아비, 남편이라는 뜻을 나타내는 한자입니다.

🔍 빈 칸에 알맞게 쓰세요.

夫는 덩치 큰 어른(大)이 머리에 비녀(一)를 꽂고 있는 모양을 본떠 만든 한자로

훈은 ☐ 이고, **음**은 ☐ 입니다.

확인하기 大 : 큰 대(A4-14)　　一 : 하나 일(A2-5)　　• 大는 덩치 큰 어른을 뜻하고 一은 하나라는 뜻이 아니라 남자들이 상투에 꽂는 비녀를 형상화한 것입니다.

🌙 夫의 부수와 총획수를 알아보고 빈 칸에 알맞게 쓰세요.

夫
남편 부

부수 – 大   총획 – 4획

▶大는 '큰 대' 입니다.

· 夫의 **훈**은 ☐ 이고, **음**은 ☐ 입니다.
· 夫의 **부수**는 ☐ 이고, **총획**은 ☐ 입니다.

✍ 夫의 필순을 알아보고 알맞게 쓰세요.

一 二 丰 夫

夫   夫   夫   夫

확인하기 · 夫는 天(하늘 천), 夭(일찍죽을 요)와 모양 구별에 유의합니다.

◎ 婦의 훈과 음을 읽어 보세요.

훈:아내 음:부

◎ 婦가 만들어진 유래를 알아보세요.

女(여자 녀)와 帚(빗자루 추)를 합한 한자입니다. 빗자루(帚)를 들고 있는 여자(女)의 모습에서 며느리, 지어미, 아내라는 뜻을 나타내는 한자입니다.

◎ 빈 칸에 알맞게 쓰세요.

婦는 ☐ (여자 녀) 와 帚 (빗자루 추) 를 합한 한자로

훈은 ☐ 이고, 음은 ☐ 입니다.

[확인하기] 女 : 여자 녀(B4-14)   帚 : 빗자루 추   • 婦에서 사용되는 帚는 일반 빗자루가 아니고 아랫사람을 다스리고 정리하는 왕비의 권한을 나타냅니다. 왜냐하면 갑골문에서는 이 帚가 왕비의 이름 앞에만 붙이는 특수 문자였기 때문입니다.

婦의 부수와 총획수를 알아보고 빈 칸에 알맞게 쓰세요.

婦 아내 부

부수 – 女　　　총획 – 11획

▶ 女는 '여자 녀' 입니다.

· 婦의 **훈**은 □□□ 이고, **음**은 □□□ 입니다.

· 婦의 **부수**는 □□□ 이고, **총획**은 □□□ 입니다.

婦의 필순을 알아보고 알맞게 쓰세요.

く 女 女 女ˊ 女ˉ 女ㄱ 女ㅌ 女ㅌ 婦 婦 婦

확인하기 · 妇는 婦의 간체자입니다. 간체자(簡體字)는 중국에서 필획이 많고 복잡한 본래의 정자체를 줄여서 간단히 만든 한자를 말합니다. 곧 중국에서는 婦를 妇로 표기합니다.

📖 美의 훈과 음을 읽어 보세요.

훈: 아름다울   음: 미

美가 만들어진 유래를 알아보세요.

양 양   큰 대

羊(양 양)과 大(큰 대)를 합한 한자입니다. 큰 축제 때 아름답게 보이기 위해 새의 길다란 깃털(羊)을 머리에 꽂아 왕관처럼 장식한 건장한 남자(大)의 모습에서 아름답다, 훌륭하다라는 뜻을 나타내는 한자입니다.

빈 칸에 알맞게 쓰세요.

美는 [　　　　] (양 양)과 [　　　　] (큰 대) 를 합한 한자로
훈은 [　　] 이고, 음은 [　　] 입니다.

확인하기   羊 : 양 양(B1-1)   大 : 큰 대(A4-14)
• 美에서 羊은 동물인 양을 가리키는 것이 아니라 머리에 새의 깃털을 꽂아 왕관처럼 장식한 모양이며, 大는 늠름한 남자를 뜻합니다.

🌙 美의 부수와 총획수를 알아보고 빈 칸에 알맞게 쓰세요.

美 아름다울 미

부수 – 羊   총획 – 9획

▶ 羊은 '양 양' 입니다.

· 美의 **훈**은 [　　] 이고, **음**은 [　　] 입니다.

· 美의 **부수**는 [　　] 이고, **총획**은 [　　] 입니다.

🌱 美의 필순을 알아보고 알맞게 쓰세요.

`ˋ ˇ ˮ ⺷ 羊 𦍌 美 美`

美 美 美 美

확인하기 • 美의 필순은 `ˋ ˇ ˮ ⺷ 羊 𦍌 美 美` 으로 쓰기도 합니다.

술술술 漢字동화

동화를 읽고 보기 에서 알맞은 한자나 음을 찾아 쓰세요.

소가 골라 준 새 신랑 1

아주 먼 옛날, 중국의 강가 마을에 지혜로운 靑年 ☐☐ 이 살았습니다.

그는 어릴 적 부모를 잃고 일가 친척도 없었기 때문에 부잣집의 머슴으로 살아야 했습니다.

고된 농사일을 도맡아 했지만 늘 行實 ☐☐ 이 바르고 우직한 성품을 가진

청년이었습니다. 그 부잣집 夫婦 ☐☐ 에게는 세 딸이

있었는데 위로 두 딸은 모두 시집을 갔고, 막내딸만 남아 있었습니다.

막내딸은 슬기롭고 현명했으며 게다가 아름답기까지 했지요.

미인 ☐☐ 으로 소문난 막내딸에게

많은 청년들이 청혼하였지만 그녀는 그 누구에게도

마음을 주지 않았습니다.

보기 행실 청년 부부 美人 夫 婦

사실, 막내딸의 마음속에는 한 사내 대장부가 자리잡고 있었습니다.

지혜롭고 충실하며, 열심히 일하는 잘생긴 청년, 오랜 세월을 자기 집 농사를 돕던 바로 그 청년이었죠.

하지만 그 청년의 **아내** 가 되겠다고 하면 과연 어떤 일이 벌어질까요?

부모님이 펄쩍 뛸 것이란 건 불을 보듯 뻔한 결과 아니겠어요?

막내딸은 고심 끝에 아버지에게 말했습니다.

"아버지. 전 누구를 **남편** 으로 맞이해야 할지 모르겠어요. 그래서 모든 것을 하늘에 맡기려고 해요. 이틀 후 저는 소를 타고 마을로 나가겠어요. 그리고 소가 들어간 집에 사는 사람의 부인이 되겠어요."

부자 영감은 어이가 없었지만 곧 무슨 생각이 났는지 승낙을 했습니다.

"좋다. 하지만 나중에 절대로 후회하지 말아라."   – 계속 –

확인하기 靑 : 푸를 청(D1-1)   年 : 해 년(E2-7)   行 : 다닐/항렬 행/항(C2-7)   人 : 사람 인(A3-11)

果로 漢字語 만들기

🔖 빈 칸에 알맞게 쓰고 果로 이루어지는 한자어를 알아보세요.

1. 成 (이룰 성) + ☐ (열매 과) → 成果 (이루어 내거나 이루어진 결과)

우리 나라 국토 종합 개발 사업의 **成果**(　　)를 알 수 있는 연표를 만들었다.

2. ☐ (열매 과) + 實 (열매 실) → 果實 (먹을 수 있는 나무의 열매)

우리 삼촌은 시골에서 과수원을 하고 계십니다. 과수원에서는 많은 종류의 **果實**(　　)이 열립니다.

3. 青 / 因 / 無花 ─→ 果

   - 青☐ (청과) : 신선한 과실과 채소를 통틀어 이르는 말
   - 因☐ (인과) : 원인과 결과
   - 無花☐ (무화과) : 무화과 나무의 열매

확인하기　成 : 이룰 성(G1-3)　青 : 푸를 청(D1-1)　因 : 인할 인(E1-3)　無 : 없을 무(D1-3)　花 : 꽃 화(B4-13)

빈 칸에 알맞게 쓰고 實로 이루어지는 한자어를 알아보세요.

1.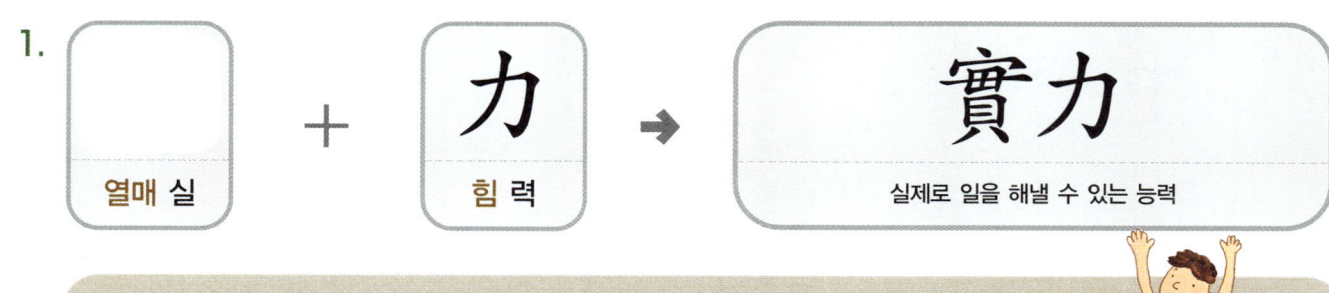

만세! 방학 동안 열심히 공부한 덕분에 수학 實力(   )이 크게 늘었다.

2.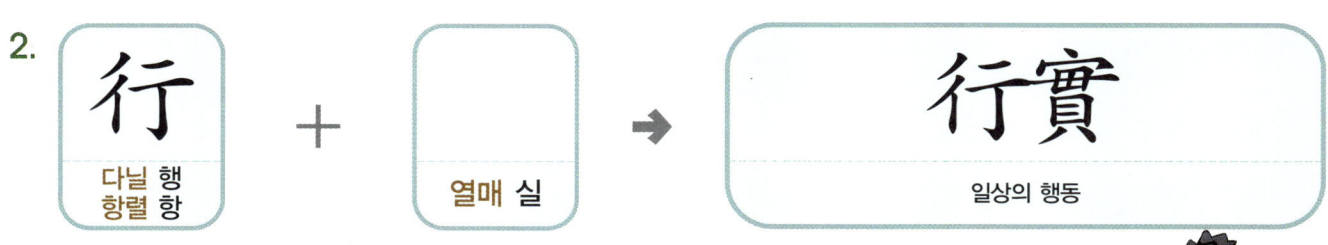

아, 그런데 이 놀부란 놈 行實(   ) 좀 보소. 제비집에 손을 넣어 새끼 제비의 다리를 '뚝' 분질러 놓고 그 다리 고쳐 준다?

3.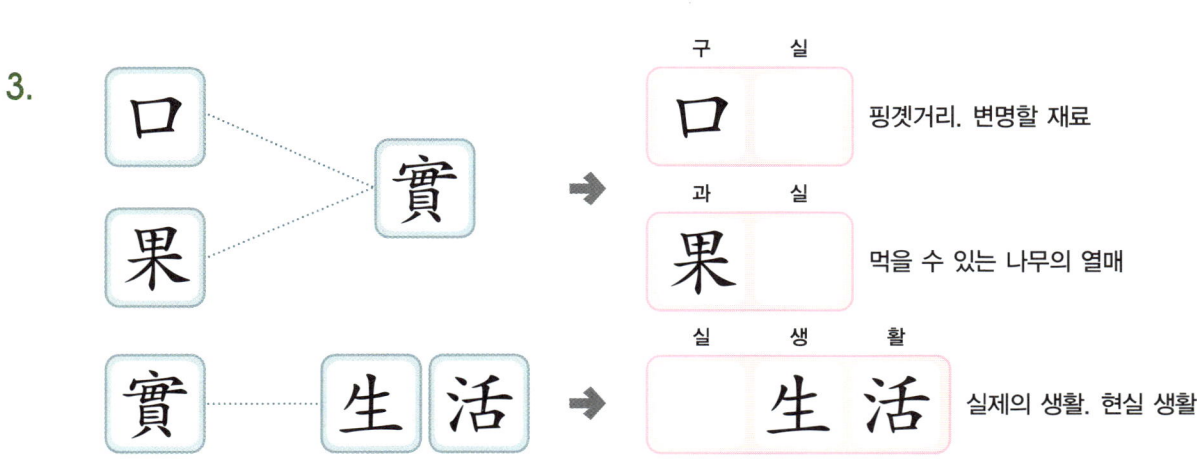

확인하기 力 : 힘 력(A4-14)   行 : 다닐/항렬 행/항(C2-7)   口 : 입 구(A3-10)   生 : 날 생(B1-3)   活 : 살 활(G1-2)

夫로 漢字語 만들기

📖 빈 칸에 알맞게 쓰고 夫로 이루어지는 한자어를 알아보세요.

1.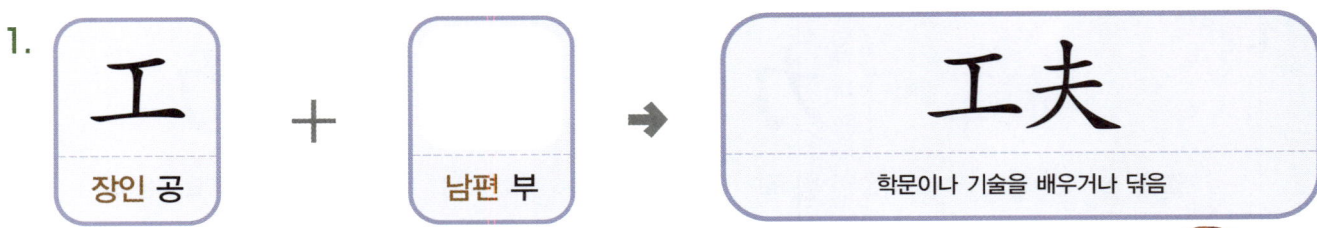

한 소년이 있었습니다. 그는 건강하고 총명했지만, 학교 다니기를 싫어하고
工夫(   ) 시간에는 늘 헛된 꿈만 꾸었습니다.

2.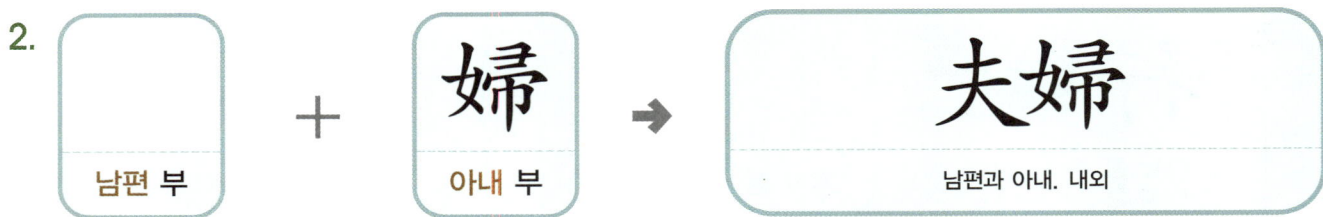

퀴리 夫婦(   )는 노벨 물리학상을 수상한 훌륭한 학자들입니다. 그런데 그들은 노벨상을 수상한 사실보다 더 훌륭한 마음을 가지고 있었습니다.

3.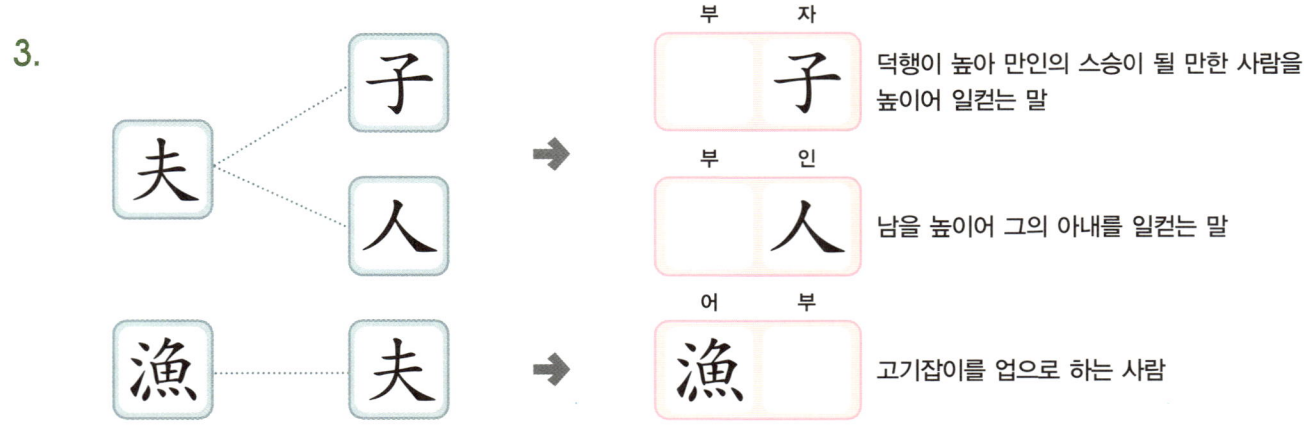

확인하기 工 : 장인 공(B2-6)   子 : 아들 자(B1-2)   人 : 사람 인(A3-11)   漁 : 고기잡을 어(F1-3)

빈 칸에 알맞게 쓰고 婦로 이루어지는 한자어를 알아보세요.

1.

主婦(　　　) 극단이 공연을 열었다. 이번 공연 관람료는 무료였지만, 공연 안내 책자를 팔아 모은 수익금을 모두 치매 노인 요양원에 전달하였다.

2.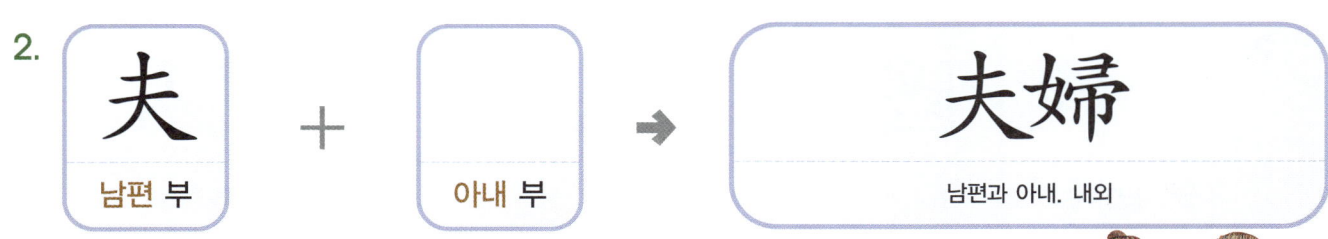

형편이 넉넉하고 마음씨 좋은 한 夫婦(　　　)가 끼니를 거르는 마을 어린이들을 위해 매일 빵을 만들어 나누어 주었습니다.

3.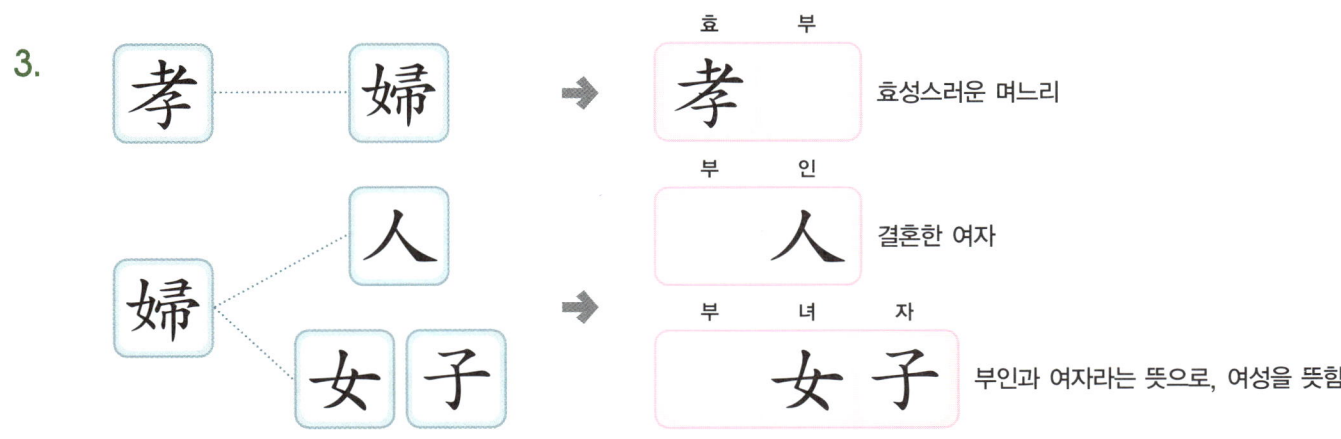

확인하기 主 : 주인 주(B3-10)　　孝 : 효도 효(D2-7)　　人 : 사람 인(A3-11)　　女 : 여자 녀(B4-14)　　子 : 아들 자(B1-2)

• 孝婦에서 婦는 '며느리' 라는 뜻입니다.

美로 漢字語 만들기

🔖 빈 칸에 알맞게 쓰고 美로 이루어지는 한자어를 알아보세요.

1.

주위를 깨끗이 청소해 주는 환경 美化員(　　　) 덕분에 우리는 깨끗한 환경에서 편안한 삶을 누릴 수 있습니다.

2.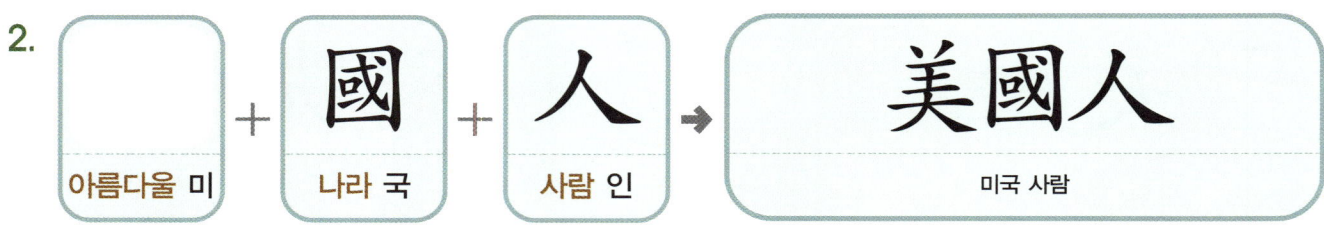

도산 안창호 선생님은 미국으로 건너가 생계를 이어가는 우리 노동자들을 도왔습니다. 美國人(　　　)들에게 무시당하는 일이 없도록 그들을 바른 길로 이끌었습니다.

3.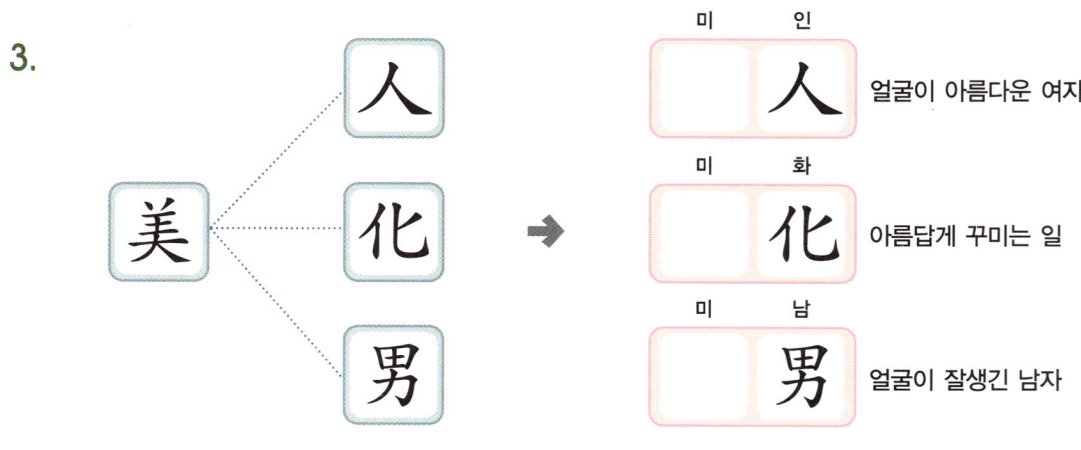

확인하기　化 : 될 화(C1-1)　員 : 인원 원　國 : 나라 국(D4-13)　人 : 사람 인(A3-11)　男 : 남자 남(B4-14)

신문 기사를 읽고 물음에 답하세요.

나도 新聞을 읽을 수 있어요!

제1호

돈 더 버는 아내 집안일 더 한다

맞벌이 ㉠夫婦일 때 집안일을 하는 남녀의 태도에 대한 흥미로운 주장이 나왔다. 남편보다 더 많은 소득을 벌어들이는 직장여성은 집안일도 더 잘하려는 콤플렉스를 갖고 있다는 것이다.

뉴욕타임스는 최근 ㉡美國 노동통계청이 미국인 2만1천명을 대상으로 하루일과를 분단위로 조사한 결과를 보도하면서 학자들의 다양한 연구결과도 함께 소개했다.

조사결과 미국인 가운데 어떤 형태든 집안일을 한 남성은 응답자의 20%였고, 여성은 55%였다.

워싱턴대 줄리 브라인스 교수는 부부의 돈벌이가 비슷할수록 남편은 즐거운 마음으로 집안일에 더 적극적이지만, ㉢부인의 월급이 더 많은 경우 부인이 더 많은 가사를 부담하려는 콤플렉스가 있다고 지적했다.

여성이 돈을 더 벌면서 배우자에게 느끼는 죄책감을 집안에서 전통적인 역할 수행을 통해 상쇄하려 한다는 것. 이런 가정일수록 남편은 잔디깎기와 세차 등 철저히 '남성적 역할'에 충실한 것으로 조사됐다.

한편 뉴욕타임스는 집안일을 하는데서 남녀간 구분은 유전학적 근거가 전혀 없으며, 어린시절 교육을 통해 습득된다고 보는 게 학계의 정설이라고 보도했다. 남성이 집에서 '리모콘만 누르고 있는 것'은 여성의 탓이라는 주장도 있다.

가정심리학자들은 부인들은 남편이 집안일을 돕길 바라면서도 동시에 자기가 원하는 수준으로 하질 못하면 남편을 비판하거나 제쳐버린다. 그러면 남편은 집안일에서 손을 떼거나 일부러 엉성하게 함으로써 다시는 부인이 집안일을 부탁하지 못하도록 만든다는 것이다.

[내일신문] 2004-09-24

1. ㉠의 음을 쓰세요.

2. ㉡의 음을 쓰세요.

3. ㉢을 한자로 바꾸어 쓰세요.

漢字語 다지기

果 實 夫 婦 美

빈 칸에 알맞은 음을 쓰고 필순에 맞게 한자를 쓰세요.

1. 青果 [청과]	果 （ノ 冂 日 旦 甲 果 果）	果
2. 口實	實 （宀 宀 宁 宇 宙 宙 實 實 實 實 實 實）	实
3. 工夫	夫 （一 二 ナ 夫）	夫
4. 主婦	婦 （く 夊 女 女 女 女 女 娟 婦 婦）	妇
5. 美人	美 （丶 丷 丷 丷 半 兰 羊 美 美）	美

빈 칸에 공통적으로 들어갈 한자를 쓰세요.

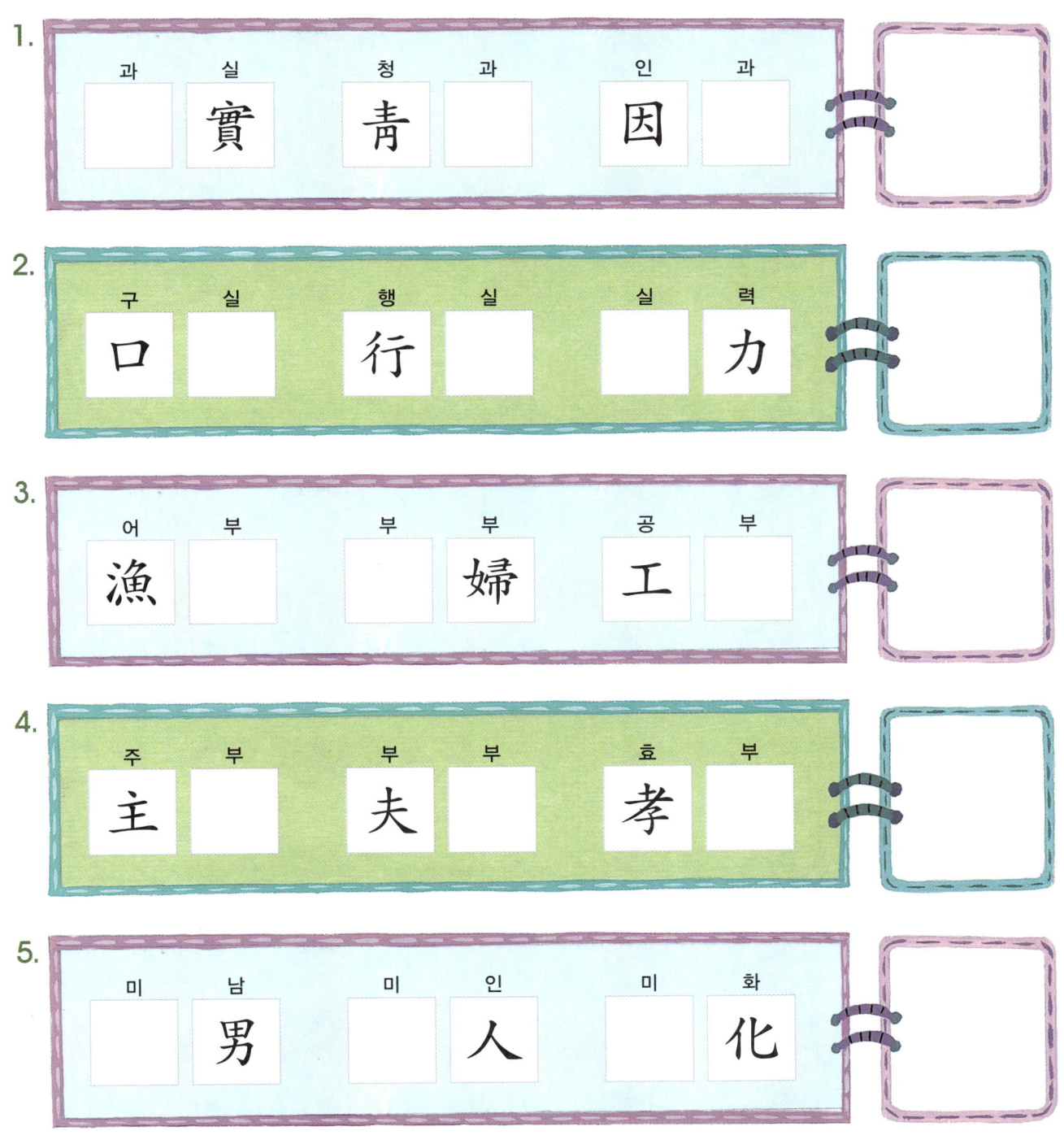

1. 서로 관련 있는 것끼리 선으로 이으세요.

果	열매	과
夫	남편	부
實	아름다울	실
婦	아내	미
美	열매	부

2. 다음 빈 칸에 알맞은 한자를 쓰세요.

3. 다음 빈 칸에 공통적으로 들어갈 한자를 쓰세요.

미화	미국인	미남
□化	□國人	□男

□

어부	부부	공부
漁□	□婦	工□

□

주부	부부	부녀자
主□	夫□	□女子

□

구실	행실	실력
口□	行□	□力

□

인과	청과	무화과
因□	靑□	無花□

□

4. 다음 보기 에서 알맞은 한자어를 찾아 쓰세요.

보기 　漁夫　　實力　　因果　　美人　　婦女子

- 한가위는 □□□(부녀자)들이 길쌈을 하며 축제를 열었던 것에서 비롯되었다.
- 넓고 넓은 바닷가에 □□(어부)와 그의 딸이 외롭게 살고 있었어요.
- 요즘들어 외모만을 중시하는 □□(미인) 대회를 비판하는 목소리가 높다.
- 그 일의 □□(인과) 관계를 잘 살펴보아라.
- 겨울 방학은 □□(실력) 향상의 절호의 기회이다.

점심

옛날 중국 남송 시대에 한세충이라는 용맹한 장군이 있었습니다.
그는 이웃 나라에서 10만의 대군을 이끌고 쳐들어왔을 때 단 8천 명의 군사만으로 적을 물리친 것으로 유명합니다. 이 싸움을 이기게 된 공로는 한세충 장군의 공도 컸지만, 그의 아내 양홍옥의 공도 컸습니다.
양홍옥은 남편 한세충과 함께 전장에 나가 하루 종일 북을 쳐서 군사들의 사기를 북돋워 주었습니다. 또 군사들의 허기진 배를 채우게 하기 위해 손수 만두를 만들어 전장에 내가기도 했습니다. 하지만 그 많은 수의 군사를 배불리 먹일 수는 없는 노릇이었습니다.
그녀는 안타깝게 생각하면서 군사들에게 이렇게 말했습니다.
"만두가 많지 않아 배불리 먹이지 못해 안타깝습니다. 그냥 허기나 면하도록 마음(心)의 점(點)이나 찍도록 하시오."
이 말을 전해 들은 군사들은 그녀의 말에 감동을 받아 더욱 사력을 다해서 싸웠다고 합니다. 그 결과 8천의 군사로 10만의 군사를 이긴 기적 같은 일이 벌어지게 된 것입니다.

여기에서 유래하여 중국에서는 간단하게 먹는 음식을 점심이라고 합니다.
지금도 중국에서는 점심이 '과자나 군것질' 정도의 뜻을 지니고 있습니다.
그러나 우리나라에서는 '낮에 먹는 끼니'를 뜻합니다.
하지만 요즘은 생활 습관이 많이 바뀌어 아침 일찍 출근하는 사람이 많아지고, 바쁜 아침 시간에 식사를 충분히 할 수 없어 오히려 점심을 충실히 먹는 경우도 많아졌습니다.

 心 : 마음 심(B1-3)　　點 : 점 점

형성평가 G단계 1호

날짜   월   일   점수

다음 물음에 답하세요.

1. 다음 한자와 음이 바르게 연결된 것을 고르세요.

   ① 果 – 과   ② 夫 – 미   ③ 實 – 설   ④ 美 – 야

2. 다음 한자와 훈이 바르게 연결되지 않은 것을 고르세요.

   ① 婦 – 아내   ② 果 – 열매   ③ 實 – 나타날   ④ 夫 – 남편

3. 다음 빈 칸에 알맞은 한자와 훈음을 쓰세요.

    ➡  ➡  ➡ ☐ ☐

4. 다음 설명에 알맞은 한자를 쓰세요.

   나무 위에 주렁주렁 달려 있는 열매의 모양을 본떠 만든 한자입니다. **열매, 과일**이라는 뜻을 나타낸 한자입니다.

다음 한자어의 음을 쓰세요.

5.  美 人 ☐☐

6.  夫 婦 ☐☐

다음 빈 칸에 공통적으로 들어갈 한자를 보기에서 찾아 쓰세요.

보기: 夫 婦 果 實 美

7. 어☐   ☐부   공☐   ☐

8. 인☐   청☐   무화☐   ☐

9. 구☐   행☐   ☐력   ☐

왼쪽의 한자어가 되도록 바르게 연결하세요.

10. 미남 · · 口 · · 實

11. 구실 · · 美 · · 婦

12. 주부 · · 主 · · 男

다음 보기 에서 알맞은 한자어를 찾아 쓰세요.

보기: 婦人   美人   果實   因果

13. 얼굴이 아름다운 여자 ············ ☐☐

14. 결혼한 여자 ············ ☐☐

15. 원인과 결과 ············ ☐☐

다음 빈 칸에 알맞은 한자어를 고르세요.

16. 사랑하는 두 사람은 드디어 ☐ 가 되었다.
① 實力   ② 夫婦   ③ 行實   ④ 因果

17. 외국어를 유창하게 구사할 수 있는 ☐ 을 기르자!
① 實力   ② 靑果   ③ 主婦   ④ 孝婦

18. 할아버지는 무공해 ☐ 을 재배하고 계십니다.
① 工夫   ② 實力   ③ 果實   ④ 美男

다음 보기 에서 알맞은 한자어를 찾아 쓰세요.

보기: 夫人   果實   無花果   工夫

19. 공 부 ☐☐

20. 과 실 ☐☐

정답 수	평가 결과 및 향후 진도
16~20문항	잘했어요. G1집 2호로 진행하세요.
11~15문항	부족해요. 틀린 문제의 한자를 다시 학습한 후 G1집 2호로 진행하세요.
10문항 이하	많이 부족해요. 이번 호를 복습한 후 다음 호로 진행하세요.

果
열매 과

實
열매 실

夫
남편 부

婦
아내 부

美
아름다울 미

果 實 夫 婦 美

열매 과 열매 실 남편 부 아내 부 아름다울 미

G1집 1호 한자 카드

實

果

婦

夫

果實 夫婦 美

美

G단계 1호 해답

1a 1. 처음 시, 좋을 호, 구름 운, 눈 설

2.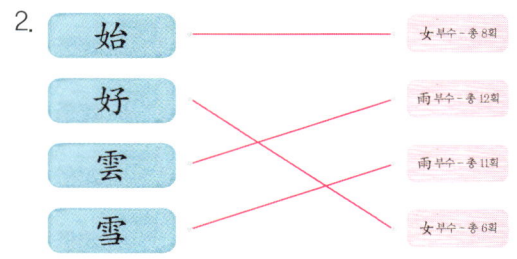

1b 3. 雪山, 好意, 白雲, 始作   4. 시작, 호의, 백설
2a 과실, 실력
2b 공부, 주부
3a 미화원
4a 열매, 과
4b 열매, 과, 木, 8획
5a 貝, 열매, 실
5b 열매, 실, 宀, 14획
7a 남편, 부
7b 남편, 부, 大, 4획
8a 女, 아내, 부
8b 아내, 부, 女, 11획
9a 羊, 大, 아름다울, 미
9b 아름다울, 미, 羊, 9획
10a 청년, 행실, 부부, 美人
10b 婦, 夫
11a 1. 果, 성과   2. 果, 과실   3. 果, 果, 果
11b 1. 實, 실력   2. 實, 행실   3. 實, 實, 實
12a 1. 夫, 공부   2. 夫, 부부   3. 夫, 夫, 夫
12b 1. 婦, 주부   2. 婦, 부부   3. 婦, 婦, 婦
13a 1. 美, 미화원   2. 美, 미국인   3. 美, 美, 美
13b 1. 부부   2. 미국   3. 婦人

14a 1. 청과   2. 구실   3. 공부   4. 주부   5. 미인
14b 1. 果   2. 實   3. 夫   4. 婦   5. 美
15a 1. 果 — 열매 — 과
　　　　夫 — 남편 — 부
　　　　實 — 아름다울 — 실
　　　　婦 — 아내 — 미
　　　　美 — 열매 — 부
　　2. 果實, 夫, 夫婦, 美
15b 3. 美, 夫, 婦, 實, 果
　　4. 婦女子, 漁夫, 美人, 因果, 實力

형성평가

1. ①
2. ③
3. 夫, 남편 부
4. 果
5. 미인
6. 부부
7. 夫
8. 果
9. 實
10. 미남 — 口 — 實
11. 구실 — 美 — 婦
12. 주부 — 主 — 男
13. 美人
14. 婦人
15. 因果
16. ②
17. ①
18. ③
19. 工夫
20. 果實

펴낸이 : 정지향
펴낸곳 : (주)기탄교육
기획·편집·디자인 : 기탄교육연구소
주소 : 06698 서울특별시 서초구 효령로 42 기탄출판문화센터
등록 : 제22-1740호
전화 : (02) 586-1007
팩스 : (02) 586-2337

※서점에 갈 시간이 없거나 구하기 어려운 분은 인터넷 또는 전화로 신청하세요. 즉시 우송해 드립니다.
● www.gitan.co.kr

ⓒ 2005 (주)기탄교육 All rights reserved.
저작권자의 동의 없이 본 교재를 무단으로 복제하거나 전재하는 것을 금합니다.

G단계에서 배운 한자들

果 열매 과

夫 남편 부

實 열매 실

美 아름다울 미

婦 아내 부

받아쓰기

♥ 엄마가 한자나 한자어를 부르고 아이가 받아쓰도록 합니다.

2호

기탄교과서한자 G단계 1집 17a~32a

G1집
1a-64a

G1집
2호
17a-32a

초등 교과서 한자어를 총체 분석한 어휘력 향상 한자 학습 프로그램

기탄 교과서 한자

공부한 날	월	일 ~	월	일
	교		반	
이름		전화		

www.gitan.co.kr

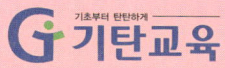

G단계 학습 한자 일람

G단계							
1집	果, 實, 夫, 婦, 美	2집	時, 間, 空, 氣, 集	3집	問, 答, 登, 場, 省	4집	物, 件, 發, 電, 書
	重, 要, 活, 動, 得		現, 在, 協, 商, 事		春, 夏, 秋, 冬, 溫		高, 低, 苦, 樂, 朝
	夜, 景, 成, 功, 者		社, 會, 技, 能, 部		貴, 愛, 病, 死, 敬		眞, 理, 學, 習, 賞
	복습		복습		복습		복습

학습 진단 관리표

	한자		한자어		이번 주는			
	읽기	쓰기	읽기	쓰기				
금주평가	Ⓐ 아주 잘함	Ⓐ 아주 잘함	Ⓐ 아주 잘함	Ⓐ 아주 잘함	● 학습방법	❶ 매일매일	❷ 가끔	❸ 한꺼번에 하였습니다.
	Ⓑ 잘함	Ⓑ 잘함	Ⓑ 잘함	Ⓑ 잘함	● 학습태도	❶ 스스로 잘	❷ 시켜서 억지로 하였습니다.	
	Ⓒ 보통	Ⓒ 보통	Ⓒ 보통	Ⓒ 보통	● 학습흥미	❶ 재미있게	❷ 싫증내며 하였습니다.	
	Ⓓ 노력해야 함	Ⓓ 노력해야 함	Ⓓ 노력해야 함	Ⓓ 노력해야 함	● 교재내용	❶ 적합하다고	❷ 어렵다고	❸ 쉽다고 하였습니다.

지도 교사가 부모님께 　　　　　　　　　　　부모님이 지도 교사께

종합평가	Ⓐ 아주 잘함	Ⓑ 잘함	Ⓒ 보통	Ⓓ 노력해야 함

이번 주 학습 포인트

 **1일차** (17a~19b)
- 다시보기를 통하여 果, 實, 夫, 婦, 美의 훈, 음, 형, 한자어를 복습합니다.
- 이번 주에 배울 重, 要, 活, 動, 得의 용례를 문장 속에서 찾아봅니다.
- 인물 이야기 '자연을 사랑한 동물 문학가 시튼'을 읽고 이번 주 학습 한자를 알아봅니다.

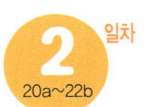 **2일차** (20a~22b)
- 알아보기를 통하여 이번 주에 학습할 重, 要의 3요소와 필순, 부수를 학습합니다.
- 만화로 고사성어 錦衣還鄕의 뜻과 쓰임을 알아보고 적절하게 사용할 수 있습니다.

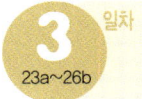 **3일차** (23a~26b)
- 알아보기를 통하여 이번 주에 학습할 活, 動, 得의 3요소와 필순, 부수를 학습합니다.
- 活, 動을 氵+舌, 重+力으로 파자하여 형성, 회의 과정을 이해할 수 있습니다.
- 동화 '소가 골라 준 새 신랑'을 읽고 학습한 한자를 문장 속에서 익힙니다.

 **4일차** (27a~29b)
- 重, 要, 活, 動, 得을 다른 한자와 결합하여 한자어를 익힙니다.
- 알고 있는 한자끼리 결합하여 스스로 造語(조어) 원리를 깨달을 수 있습니다.
- 신문 기사를 읽고 기사문 속에 한자의 3요소를 적용하여 학습합니다.

 **5일차** (30a~32a)
- 이번 주에 학습한 重, 要, 活, 動, 得과 한자어를 마무리합니다.
- 풀어보기를 통해 학습 한자를 정리하고 '사람의 말을 알아듣는 꽃-해어화'를 읽어봅니다.
- 형성평가를 풀이하여 한 주 학습의 성취도를 스스로 진단해 보도록 합니다.

果 實 夫 婦 美 다시 보기

1. 다음 빈 칸에 알맞은 훈음을 쓰세요.

果 훈: ___ 음: ___

夫 훈: ___ 음: ___

實 훈: ___ 음: ___

婦 훈: ___ 음: ___

2. 서로 관련 있는 것끼리 선으로 이으세요.

果 •   • 宀 부수 – 총 14획

實 •   • 木 부수 – 총 8획

婦 •   • 女 부수 – 총 11획

美 •   • 羊 부수 – 총 9획

3. 다음 보기 에서 알맞은 한자어를 찾아 쓰세요.

보기: 夫婦　　美人　　果實　　工夫

- 먹을 수 있는 나무의 열매 …… ☐☐
- 학문이나 기술을 배우거나 닦음 …… ☐☐
- 남편과 아내. 내외 …… ☐☐
- 얼굴이 아름다운 여자 …… ☐☐

4. 다음 보기 에서 알맞은 음을 찾아 쓰세요.

보기: 부부　　주부　　과실

"저는 살림살이를 꾸려 나가는 가정 主婦☐☐입니다. 우리 夫婦☐☐는 결혼한 지 10년째 되어 갑니다. 남편과 저는 닮은 점이 많습니다. 영화보기를 좋아하고 스포츠도 즐깁니다. 식성도 비슷해서 육류보다는 果實☐☐ 종류를 더욱 좋아한답니다."

重, 要가 쓰인 문장을 읽고 빈 칸에 한자어의 음을 쓰세요.

"황소님, 무슨 말씀을 그렇게 하세요? 제가 하는 일은 황소님이 하는 일보다 더 **重要(중요)**해요."

풍요로운 삶을 누리기 위해서는 여가 활동이 **必要(필요)**합니다.

必 : 반드시 필(E3-9)

活, 動이 쓰인 문장을 읽고 빈 칸에 한자어의 음을 쓰세요.

자석은 우리 **生活(생활)**에서 널리 사용되고 있습니다. 여러 가지 활동을 통하여 자석의 성질을 알아보고, 우리 주변에서 널리 사용되는 자석을 이용한 물건은 어떤 것이 있는지 찾아봅시다.

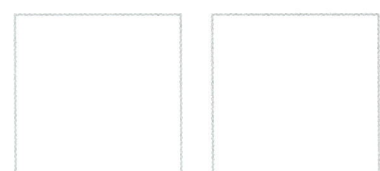

지난 일요일에 우리 가족은 자연 보호 **活動(활동)**으로 산에 있는 쓰레기를 주웠습니다.

확인하기 生 : 날 생(B1-3)

찾아보기 得

📖 得이 쓰인 문장을 읽고 빈 칸에 한자어의 음을 쓰세요.

요즘 들어 농촌에서는 높은 **所得(소득)**을 올릴 수 있는 새로운 농사 방법 개발, 특화된 기술이 요구되는 추세이다.

所 得
☐ ☐

📖 重, 要, 活, 動, 得이 쓰인 한자어의 음을 읽어 보세요.

重要	중요
必要	필요
生活	생활
活動	활동
所得	소득

확인하기 所 : 곳/바 소(D1-2)   生 : 날 생(B1-3)   必 : 반드시 필(E3-9)

🌏 인물 이야기를 통해 重, 要, 活, 動, 得의 훈음을 알아보세요.

자연을 사랑한 동물 문학가 시튼

어네스트 톰슨 시튼은 자연 속에서 자란 아이였습니다. 한없이 우거진 수풀과 아름다운 개울이 흐르는 자연을 벗삼아 동물들을 관찰하고 연구했지요. 시튼은 아무도 모르게 숲 속에 오두막집을 지어 놓고 주말이면 그 곳으로 가 로빈슨 크루소와 같은 기분에 잠겼습니다.

이렇듯 자연을 즐겨했기에 동물을 연구하는 박물학자가 되고 싶었지만 아버지의 반대에 부딪힌 시튼은 미술을 공부해야 했습니다. 비록 아버지의 강요에 의해 시작한 미술 공부지만 그의 그림공부는 자신이 관찰한 동물에 대한 생생한 자료를 남기는 데 큰 공헌을 하게 되었습니다.

스스로 자연의 품 안에 뛰어들어 그 안에서 **활동(活動)**하는 동물들과 함께 생**활(活)**하고 느낀 감동을 정성껏 기록한 시튼의 ≪동물기≫는 세계 동물 문학 발전에 **중요(重要)**한 기틀이 되었습니다.

우리가 흔히 알고 있는 ≪정글북≫, ≪아기사슴 밤비≫ 등의 동화도 시튼의 영향을 받아 탄생한 작품입니다.

자연 속에서 숨쉬고 그 속에서 살아남기 위해 힘차게 싸우고, 사랑하는 동물의 모습을 담은 시튼의 ≪동물기≫는 우리들이 용기와 지혜를 **얻는(得)** 데 큰 도움을 줄 것입니다.

重 : 무거울 **중**　　要 : 요긴할 **요**　　活 : 살 **활**　　動 : 움직일 **동**　　得 : 얻을 **득**

어네스트 톰슨 시튼

[Ernest Evan Thompson Seton, 1860.8.14~1946.10.23]
미국의 소설가, 화가, 박물학자입니다. 소년 시절 캐나다 남부 삼림지대의 자연 속에서 동물을 관찰하며 보냈습니다. 런던과 파리에서 박물학에 관해 공부한 후, 미국으로 건너가 ≪늑대왕 로보≫를 발표했고 동물에 대한 정확한 지식과 관찰을 기초로 한 사실적인 ≪동물기≫를 펴냈습니다. 보이스카웃 운동과 사회교육에도 힘을 기울였습니다.

📖 重의 훈과 음을 읽어 보세요.

훈: **무거울** 음: **중**

📖 重이 만들어진 유래를 알아보세요.

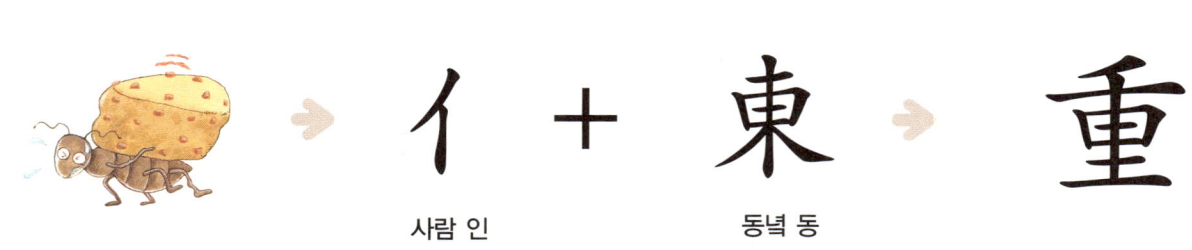

亻 사람 인   東 동녘 동   重

亻(사람 인, 人의 변형)과 東(동녘 동)을 합한 한자입니다. 東은 아래, 위 양쪽을 묶은 자루를 나타내는데, 사람(亻)이 자루(東)를 등에 지고 있는 것을 표현한 데서 **무겁다, 중요하다**라는 뜻을 나타낸 한자입니다.

📖 빈 칸에 알맞게 쓰세요.

重은 ☐ (사람 인) 과 ☐ (동녘 동) 을 합한 한자로

훈은 ☐ 이고, 음은 ☐ 입니다.

확인하기 人 : 사람 인(A3-11) 東 : 동녘 동(D4-14) • 重에서 亻은 윗부분으로 변했고 東은 가운데 부분으로 자형이 변했습니다.

🌙 重의 부수와 총획수를 알아보고 빈 칸에 알맞게 쓰세요.

重
무거울 중

부수 – 里   총획 – 9획

▶里는 '마을 리' 입니다.

· 重의 훈은 ☐ 이고, 음은 ☐ 입니다.
· 重의 부수는 ☐ 이고, 총획은 ☐ 입니다.

🌙 重의 필순을 알아보고 알맞게 쓰세요.

ノ 一 一 一 一 一 一 重 重

重 重 重 重

확인하기 • 마을 리(里)는 마을을 나타내는 한자가 아니라 자루를 뜻하는 東자가 바뀐 모습입니다.   • 重의 필순은 ノ 一 一 一 一 一 一 重 重 으로 쓰기도 합니다.

要의 훈과 음을 읽어 보세요.

훈:요긴할 음:요

要가 만들어진 유래를 알아보세요.

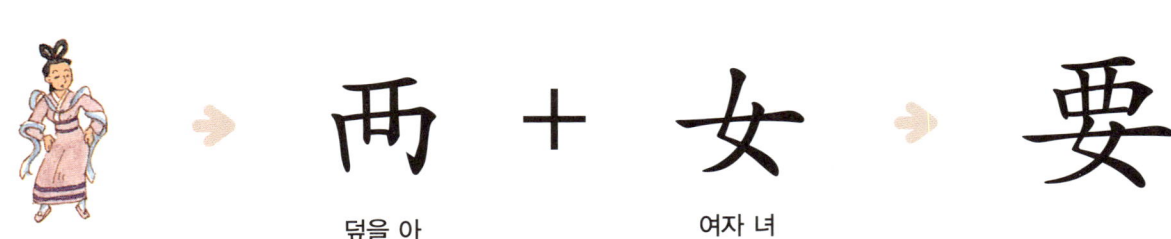

西 + 女 ➡ 要

덮을 아   여자 녀

西(덮을 아)와 女(여자 녀)를 합한 한자입니다. 한 여자(女)가 허리에 두 손을 얹어 놓은(西) 모습을 나타내었습니다. 사람의 신체 중 허리가 중요하다는 데서 요긴하다, 요구하다, 중요하다라는 뜻을 나타내게 된 한자입니다.

빈 칸에 알맞게 쓰세요.

要는 [西 (덮을 아)] 와 [(여자 녀)] 를 합한 한자로

훈은 [   ] 이고, 음은 [   ] 입니다.

확인하기 西 : 덮을 아   女 : 여자 녀(B4-14)
• 要는 '허리'를 뜻하는 한자로 쓰이기도 했으나, 그 의미를 명확히 하기 위해 肉(月)을 더하여 腰(허리 요)를 만들어 썼습니다.

要의 부수와 총획수를 알아보고 빈 칸에 알맞게 쓰세요.

要
요긴할 요

부수 – 襾   총획 – 9획

▶ 冖는 '덮을 아' 입니다.
▶ 襾는 襾의 변형입니다.

· 要의 **훈**은 ☐ 이고, **음**은 ☐ 입니다.
· 要의 **부수**는 ☐ 이고, **총획**은 ☐ 입니다.

要의 필순을 알아보고 알맞게 쓰세요.

一 一 一 襾 襾 西 要 要 要

· 要에서 襾는 '덮다' 라는 뜻이 아니라 여자의 머리와 손이 변형된 모습입니다.

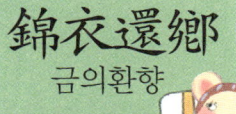

錦 : 비단 **금**　　衣 : 옷 **의**　　還 : 돌아올 **환**　　鄕 : 시골 **향**

금의(錦衣)는 화려하게 수놓은 '비단옷' 이라는 뜻으로 왕이나 고관들이 입던 옷이므로 출세의 상징이었습니다.
즉, 비단옷을 입고 고향에 돌아간다는 것. 곧 출세하여 고향을 찾는 것을 표현하는 성어입니다.

活 알아보기

🔹 活의 훈과 음을 읽어 보세요.

훈:**살** 음:**활**

🔹 活이 만들어진 유래를 알아보세요.

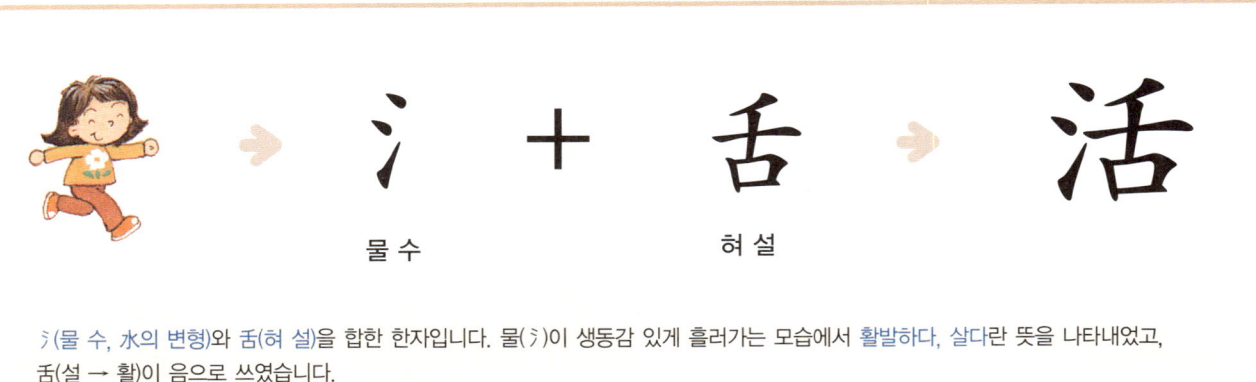

氵(물 수, 水의 변형)와 舌(혀 설)을 합한 한자입니다. 물(氵)이 생동감 있게 흘러가는 모습에서 활발하다, 살다란 뜻을 나타내었고, 舌(설 → 활)이 음으로 쓰였습니다.

🔹 빈 칸에 알맞게 쓰세요.

活은 ☐ (물 수) 와 ☐ (혀 설) 을 합한 한자로

훈은 ☐ 이고, 음은 ☐ 입니다.

확인하기 水 : 물 수(A1-2)   舌 : 혀 설(B4-15)

🌙 活의 부수와 총획수를 알아보고 빈 칸에 알맞게 쓰세요.

活
살 활

부수 – 氵　　총획 – 9획

▶ 氵는 '물 수' 입니다.
▶ 氵는 한자의 왼쪽에 쓰이면 '삼수변' 으로 읽습니다.

· 活의 훈은 ☐ 이고, 음은 ☐ 입니다.
· 活의 부수는 ☐ 이고, 총획은 ☐ 입니다.

✏️ 活의 필순을 알아보고 알맞게 쓰세요.

丶　丶　氵　氵　氿　汗　汗　活　活　活

活　活　活　活

확인하기 · 水가 부수로 쓰이면 氵로 모양이 바뀌고 한자의 왼쪽에 쓰이게 되므로 삼수변이라고 합니다.

📖 動의 훈과 음을 읽어 보세요.

훈:움직일 음:동

🌐 動이 만들어진 유래를 알아보세요.

重(무거울 중)과 力(힘 력)을 합한 한자입니다. 무거운 것(重)을 힘(力)을 써서 옮긴다는 뜻에서 움직이다, 행동하다라는 뜻을 나타내는 한자입니다.

✍ 빈 칸에 알맞게 쓰세요.

動은 ☐ (무거울 중) 과 ☐ (힘 력) 을 합한 한자로

훈은 ☐ 이고, 음은 ☐ 입니다.

확인하기 力 : 힘 력(A4-14)   • 力은 밭을 가는 농기구인 가래의 모습으로 힘을 쓴다는 뜻을 나타냅니다.

動의 부수와 총획수를 알아보고 빈 칸에 알맞게 쓰세요.

動
움직일 동

부수 - 力   총획 - 11획

▶ 力은 '힘 력' 입니다.

· 動의 **훈**은 □ 이고, **음**은 □ 입니다.
· 動의 **부수**는 □ 이고, **총획**은 □ 입니다.

動의 필순을 알아보고 알맞게 쓰세요.

ㅡ 二 亍 亐 듁 듁 重 重 動 動

動 動 動

动 动 动 动

• 动은 動의 간체자입니다. 간체자(簡體字)는 중국에서 필획이 많고 복잡한 본래의 정자체를 줄여서 간단히 만든 한자를 말합니다. 곧 중국에서는 動을 动으로 표기합니다.

得의 훈과 음을 읽어 보세요.

得

훈:얻을 음:득

得이 만들어진 유래를 알아보세요.

처음 길에서 돈처럼 귀중한 조개를 손으로 줍는 모습을 나타낸 한자입니다. 길을 가다(彳)가 손(寸)에 재물(貝 → 日)을 얻는 모양으로 얻다, 줍다, 이득 등을 뜻합니다.

빈 칸에 알맞게 쓰세요.

得은 길에서 돈처럼 귀중한 조개를 손으로 줍는 모습을 나타낸 한자로

훈은 ☐ 이고, **음**은 ☐ 입니다.

[확인하기] 彳 : 조금 걸을 척(두인변)   寸 : 마디 촌(E1-1)   貝 : 조개 패(B3-9)   • 得에서 日은 貝(조개 패)의 변형이고, 寸은 손을 나타냅니다.

🔍 得의 부수와 총획수를 알아보고 빈 칸에 알맞게 쓰세요.

得
얻을 득

부수 – 彳   총획 – 11획

▶ 彳은 '조금 걸을 척' 입니다.
▶ 彳은 한자의 왼쪽에 쓰이면 '두인변(중인변)' 으로 읽습니다.

· 得의 **훈**은 ☐ 이고, **음**은 ☐ 입니다.

· 得의 **부수**는 ☐ 이고, **총획**은 ☐ 입니다.

✏️ 得의 필순을 알아보고 알맞게 쓰세요.

丿 彳 彳 彳 彳 彳 得 得 得 得 得

得 得 得 得

확인하기 • 得과 뜻이 상대적인 한자는 失(잃을 실)이 있습니다.

기탄한자 G1-25b

술술술 漢字동화

동화를 읽고 보기 에서 알맞은 한자나 음을 찾아 쓰세요.

소가 골라 준 새 신랑 2

부자 영감은 그 길로 마을의 부잣집들을 돌아다니며 이와 같은 사실을 널리 알렸습니다. 막내딸을 신부로 맞이하고 싶은 집들은 제각각 잔치에 **必要** [ ][ ] 한 음식을 만드느라 바빴습니다. 집 밖에는 오색 빛깔의 등불로 장식했지요. 마을은 낮이나 밤이나 들썩들썩 **활력** [ ][ ] 이 넘쳤습니다.

"흠, 됐다. 이 집들 중 어느 한 집이라도 소가 들어가면 그만이야. 소는 사람을 따르는 동물이니 사람들이 몰려있는 집으로 들어가기 마련이거든."

부자 영감은 자기네 밭을 내려다보았습니다.

거기에는 막내딸이 마음에 두고 있는 지혜로운 청년이 열심히 밭을 갈고 있었습니다.

보기: 活力   중대   필요   활동   이득

사실 부자 영감은 그 청년이 탐탁치 않았습니다. 언제부턴가 막내딸이 청년을 바라보는 눈길이 심상치 않음을 눈치챘기 때문이지요.

'허허, 저 녀석은 이런 重大□□한 일이 있는데도 그저 밭만 갈고 있군. 이제 안심해도 되겠군.'

드디어 부자 영감은 마음을 턱 놓았습니다. 마을 사람들은 부잣집 막내딸을 새 식구로 들이는 것이 자기네 집안에 利得□□이 될 거라는 생각에 모두 들떠 있었답니다. 다들 결혼 준비로 부산했습니다. 단 한 사람, 지혜로운 청년만 빼고요.

과연 지혜로운 청년은 어떤 活動□□을 했을까요?

— 계속 —

확인하기 力 : 힘 력(A4-14)   大 : 큰 대(A4-14)   必 : 반드시 필(E3-9)   利 : 이로울 리(D1-3)

빈 칸에 알맞게 쓰고 重으로 이루어지는 한자어를 알아보세요.

1.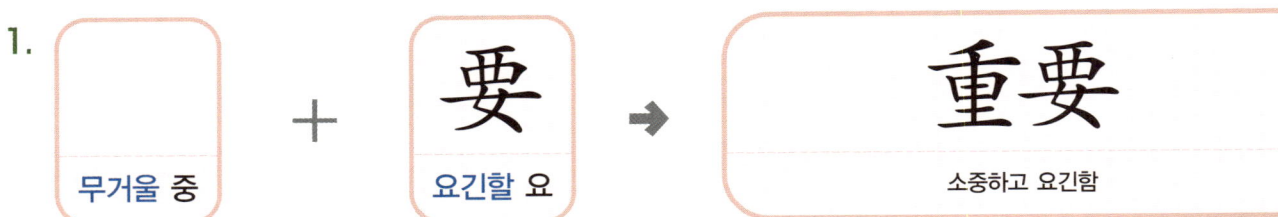

이를 튼튼하게 하기 위해서는 열심히 닦는 것도 **重要**(　　)하지만, 바르게 닦는 것도 매우 **重要**하답니다.

2.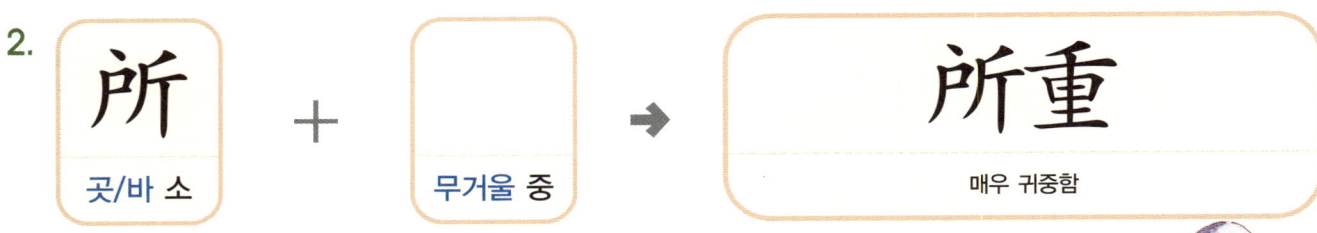

부지런히 공부하고 다른 사람의 것도 **所重**(　　)하게 여긴 청년은 나중에 훌륭한 학자가 되었습니다. 이 분이 바로 유명한 퇴계 이황 선생입니다.

3.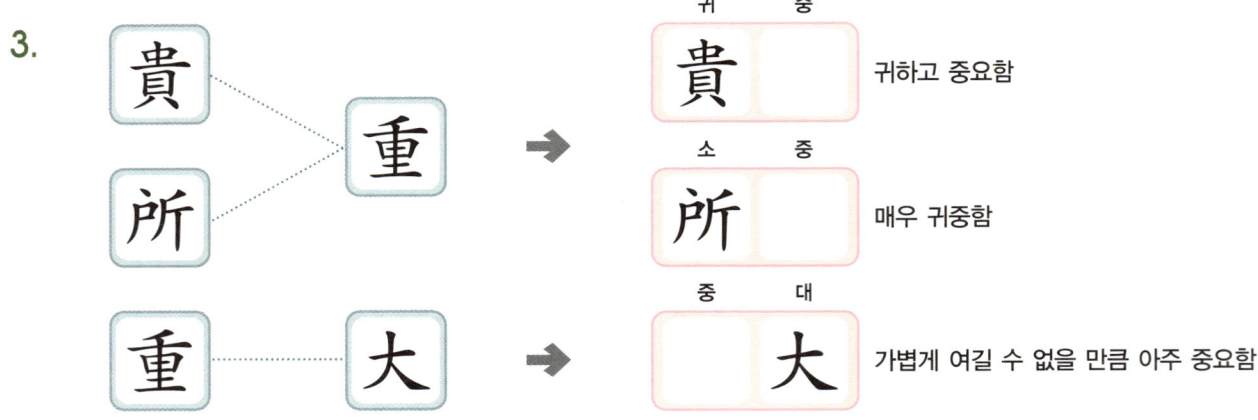

확인하기 　所 : 곳/바 소(D1-2)　　貴 : 귀할 귀(G3-11)　　大 : 큰 대(A4-14)

要로 漢字語 만들기

빈 칸에 알맞게 쓰고 要로 이루어지는 한자어를 알아보세요.

1.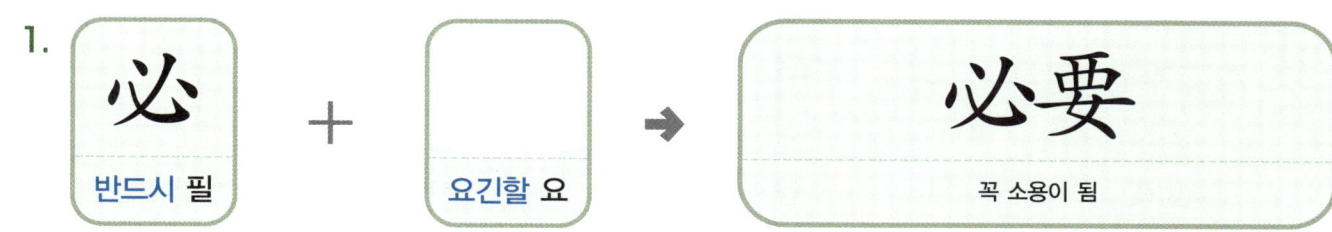

   必 (반드시 필) + ☐ (요긴할 요) → 必要 (꼭 소용이 됨)

   자석의 성질을 이용하여 정보를 기록하기도 합니다. 기록된 정보를 읽으려면 여러 가지 장치가 **必要**(   )합니다.

2.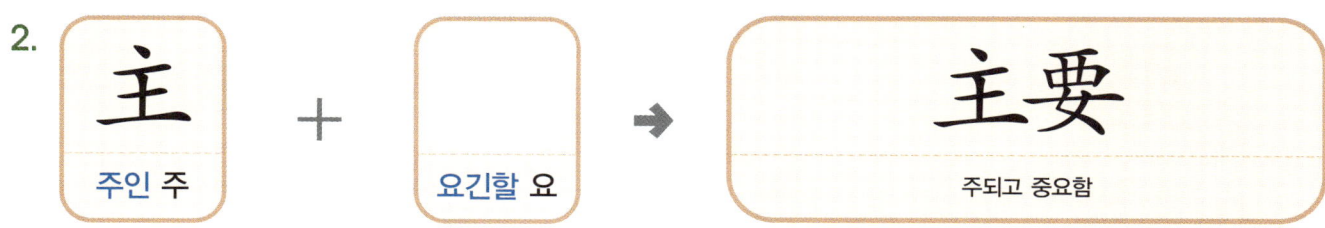

   主 (주인 주) + ☐ (요긴할 요) → 主要 (주되고 중요함)

   그림 지도를 그릴 때는 제일 먼저 방향을 정합니다. 다음으로 **主要**(   ) 도로, 철도, 하천, 큰 건물 등을 그려 넣습니다.

3.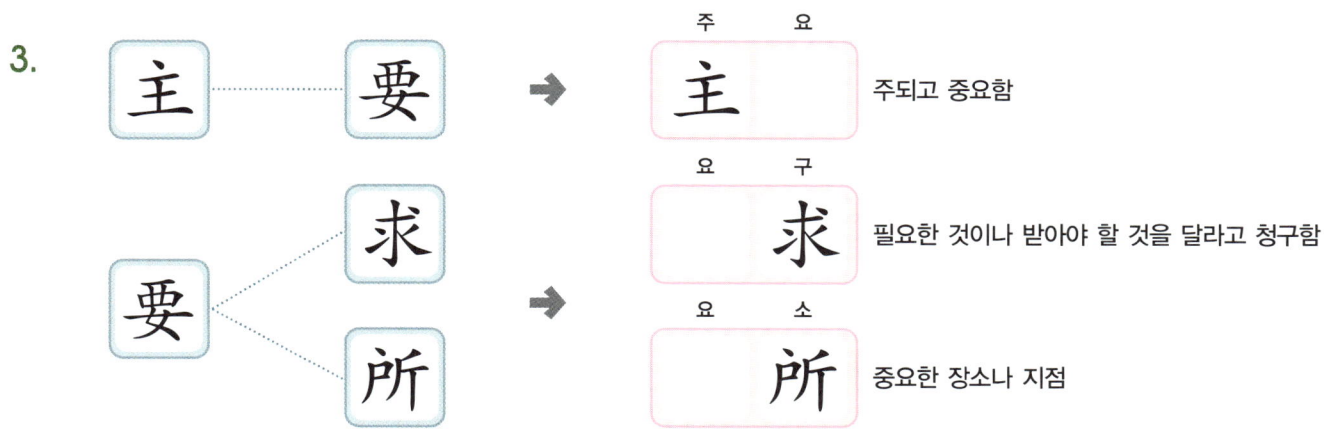

   主 — 要 → 主(주 요) 주되고 중요함
   要 — 求 → (요 구) 求 필요한 것이나 받아야 할 것을 달라고 청구함
   要 — 所 → (요 소) 所 중요한 장소나 지점

확인하기 必 : 반드시 필(E3-9) 主 : 주인 주(B3-10) 求 : 구할 구(E2-5) 所 : 곳/바 소(D1-2)

빈 칸에 알맞게 쓰고 活로 이루어지는 한자어를 알아보세요.

1.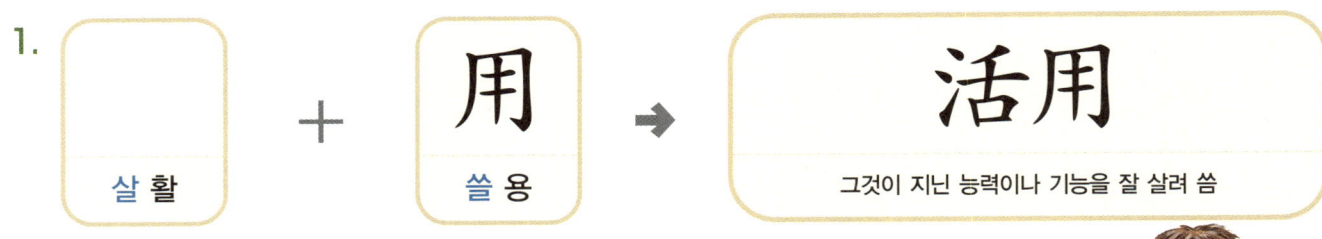

교과서를 잘 **活用**(　　　)하면 국어 공부가 한층 더 재미있습니다.

2.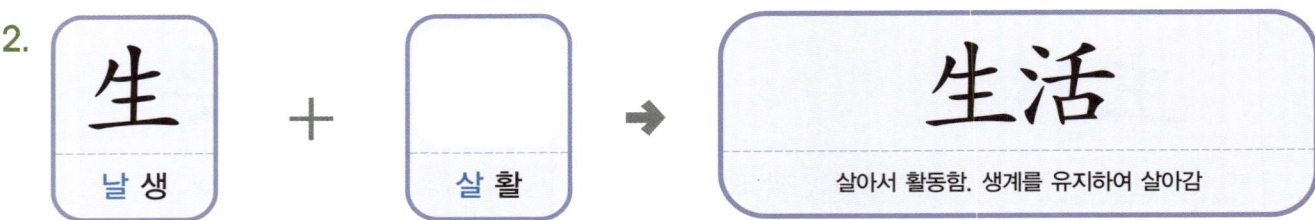

인쇄 기술의 발달로 인간 **生活**(　　　)과 밀접한 관련을 맺고 있는 신문, 수첩, 포장지, 서적 등의 색감이 한층 고급화되었습니다.

3.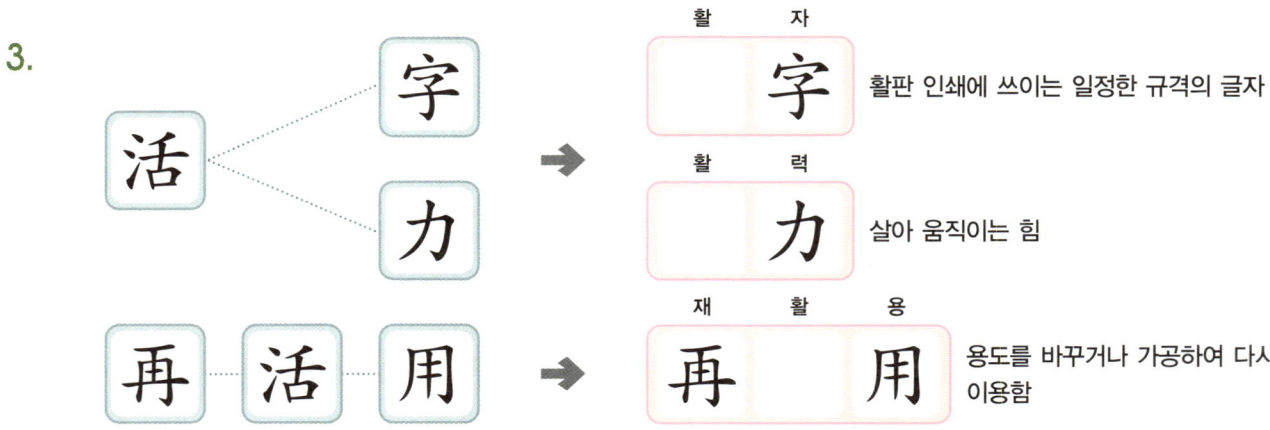

확인하기　用 : 쓸 용(D1-3)　生 : 날 생(B1-3)　字 : 글자 자(E3-10)　力 : 힘 력(A4-14)　再 : 거듭 재(E4-15)

動으로 漢字語 만들기

빈 칸에 알맞게 쓰고 動으로 이루어지는 한자어를 알아보세요.

1. 活 [살 활] + ☐ [움직일 동] → **活動** 힘차게 몸을 움직임. 어떤 일의 성과를 거두기 위하여 애씀

애완 동물을 키우는 사람들도 많아졌지만 버리는 사람들도 늘어났다고 합니다. 나는 버려진 애완 동물을 보호하는 **活動(　　　)**을 하는 단체에 가입하고 싶습니다.

2. 行 [다닐 행/항렬 항] + ☐ [움직일 동] → **行動** 몸을 움직임. 또는 그 동작

옛날의 양반은 말투, 하는 일, 걸음걸이 하나까지 모든 **行動(　　　)**에 제약이 따랐습니다.

3.

動 ─┬─ 力 → 動力 어떠한 물체를 움직이게 하는 힘
　　└─ 作 → 動作 무슨 일을 하려고 몸을 움직임. 또는 그런 몸놀림

自 動 車 → 自動車 석유나 가스 등을 연료로 하는 엔진의 힘으로 도로 위를 달리게 만든 차

확인하기 行 : 다닐/항렬 행/항(C2-7)　　力 : 힘 력(A4-14)　　作 : 지을 작(F3-10)　　自 : 스스로 자(B2-6)　　車 : 수레 거/차(B2-5)

기탄한자 **G1-28b**

👀 빈 칸에 알맞게 쓰고 得으로 이루어지는 한자어를 알아보세요.

1.

경제 성장으로 인해 **所得**(　　)이 늘어나면서 사람들이 다양한 먹거리를 찾게 되자 쌀의 소비가 현격하게 줄어들었다.

2.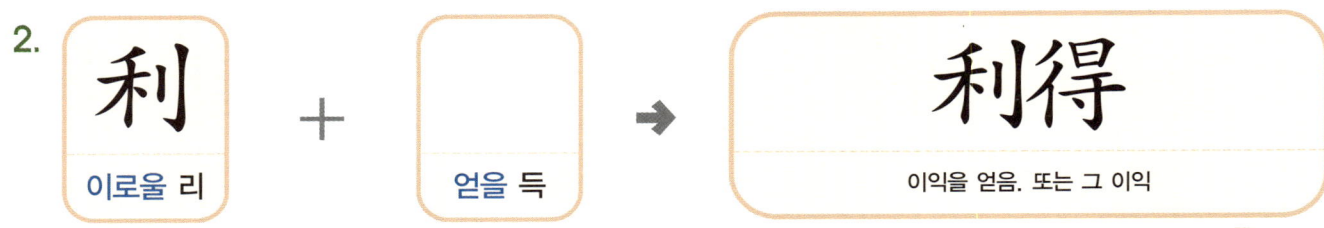

인터넷을 통해 물건을 사면 시간도 절약되고, 컴퓨터만 있으면 어디에서든지 물건을 살 수 있으니까요. 그리고 물건을 파는 사람도 **利得**(　　)일 것 같아요.

3.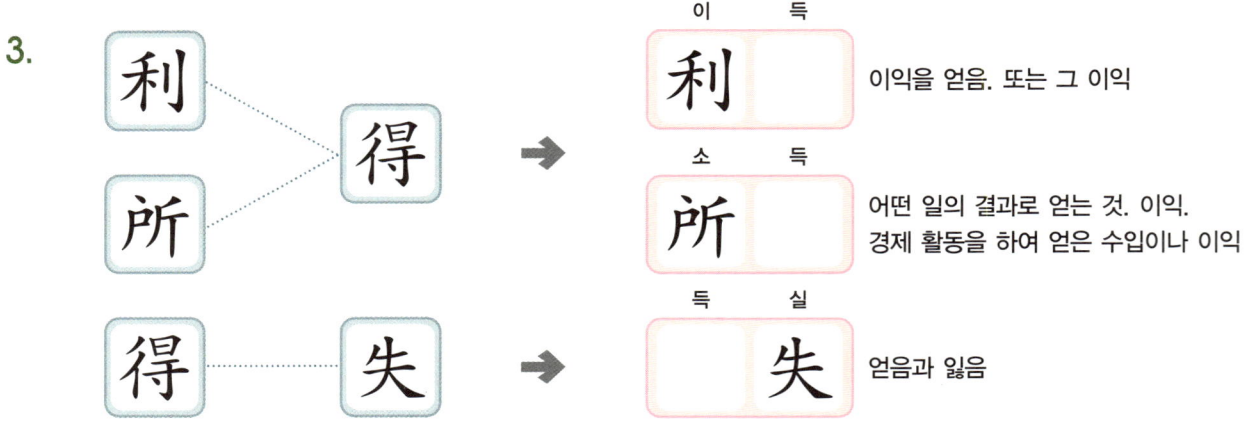

[확인하기] 所 : 곳/바 소(D1-2)　　利 : 이로울 리(D1-3)　　失 : 잃을 실(E2-5)　　• 利는 단어의 첫글자로 올 때는 '이'로 읽습니다.

G1-29a 기탄한자

新聞으로 배우는 漢字

🖐 신문 기사를 읽고 물음에 답하세요.

나도 新聞을 읽을 수 있어요!   제2호

[Top셀러] '컬러식품' 좋아좋아

■ 만두·소면 등 '컬러 간식'도 보는 즐거움 듬뿍

대표적인 컬러식품은 분홍색·노란색·초록색의 키즈 마요네즈, 주황색·노란색·초록색 컬러 밀가루, 녹색·붉은색 푸르네 치즈, 노란·파란색의 플라워 설탕, 노란색·보라색·자주색의 밸리 감자, 검은색 두부, 붉은색 멜론 등이다.

키즈 마요네즈는 딸기·바나나·키위 등 천연 과일을 넣어 마요네즈의 기본색인 흰색이 아닌 분홍색·노란색·초록색으로 바꾼 제품. 색깔은 물론 맛도 색다르고 어린이 두뇌 발육에 좋은 클로렐라 성장인자도 함유돼 있는 웰빙식품이다. 컬러 밀가루는 당근·시금치·녹차·호박 등의 가루를 첨가해 주황색·초록색·노란색 등 다양한 색상을 연출하고 있다. 반죽 후 음식을 만들어도 원래의 색깔을 그대로 유지하는 덕분에 요리 기술을 한층 돋보이게 하는 효과도 있다.

컬러 간식들도 잇따라 선보이고 있다. 면류와 만두 등의 제품이 주류를 이루고 있다. 녹차·메밀·백련초·해초·클로렐라 등을 넣어 몸에 좋은 웰빙 식품일 뿐 아니라, 녹색·갈색·분홍색 등 다양한 색깔로 입맛을 돋워 혀를 즐겁게 해준다.

H사 이모 이사는 "식품의 경우 제품의 질은 물론 우선 소비자들의 눈길을 잡는 것이 무엇보다 ㉠重要하다."며 "시장조사 결과 다양한 색을 ㉡利用한 식품이 판매 ㉢活動에 도움을 주는 것으로 나타나 도입하게 됐다."고 말했다.

이들 간식은 '명품국수'·'수라국수'·'순면 클로렐라'·'녹차맛 소면'·'클로렐라 물만두' 등의 이름으로 유통업체에서 판매되고 있다.

[서울신문] 2004-09-24

1. ㉠의 음을 쓰세요.

2. ㉡의 음을 쓰세요.

3. ㉢의 음을 쓰세요.

漢字語 다지기

重要活動得

빈 칸에 알맞은 음을 쓰고 필순에 맞게 한자를 쓰세요.

1. 重大 — 중대
2. 主要
3. 生活
4. 行動
5. 得失

重: 一二千千白白肯重重
要: 一一一一一一西西西要要要
活: 丶丶丶丶氵氵汒汒汗活活
動: 一二千千白白肯重重動動
得: 丶丶彳彳彳彳彳彳彳彳得得

빈 칸에 공통적으로 들어갈 한자를 쓰세요.

1. 貴[중] [소]所 [중]大 → 重
2. 必[요] 主[요] [요]所 → 要
3. [활]用 生[활] [활]字 → 活
4. 行[동] 自[동]車 活[동] → 動
5. 所[득] [득]失 利[득] → 得

1. 서로 관련 있는 것끼리 선으로 이으세요.

活	살	중
要	무거울	동
重	움직일	활
動	얻을	요
得	요긴할	득

2. 다음 빈 칸에 알맞은 한자를 쓰세요.

이 득
利 □

활 자
□ 字

활 동
□ □

필 요
必 □

3. 다음 빈 칸에 공통적으로 들어갈 한자를 쓰세요.

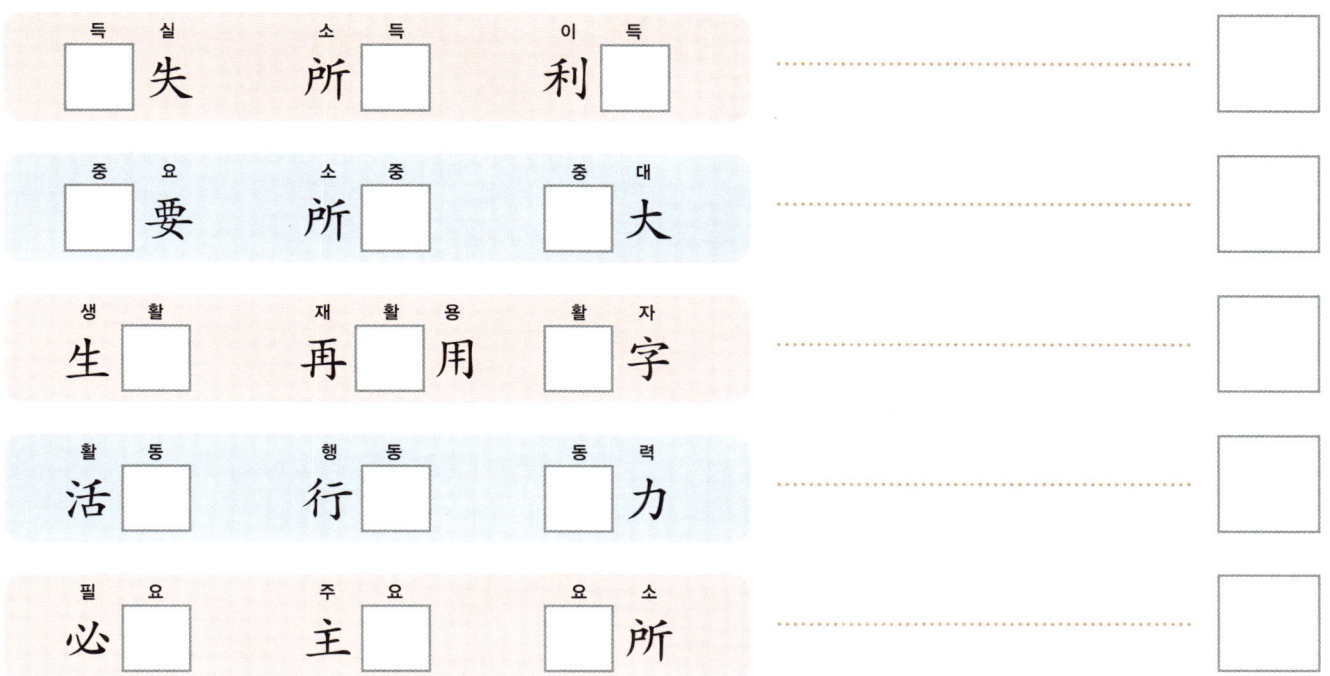

4. 다음 보기 에서 알맞은 한자어를 찾아 쓰세요.

보기: 生活　　活動　　重要　　必要　　所得

• 혀는 음식의 맛을 보거나, 말을 하는 데 필요한 ☐☐(중요)한 기관입니다.

• 도덕은 가정과 학교, 사회에서 올바른 ☐☐(생활)을 배우는 교과입니다.

• 상인이 물건을 많이 팔면 그만큼 ☐☐(소득)이 늘어나는 것이지요.

• 내일은 비가 올 것 같으니 우산이 ☐☐(필요)할 거야.

• 특별 ☐☐(활동) 시간에는 학급 어린이회의와 각 부서별 활동을 합니다.

사람의 말을 알아듣는 꽃…解語花

당나라 현종이 가을에 태액지라는 연못으로 여러 신하와 후궁들을 거느리고 놀러갔습니다. 그 연못에는 천 송이의 흰 연꽃이 아름답게 피어 있었는데 그 중 몇 가지에는 꽃이 무성하게 피어 있어 보는 사람들로 하여금 탄성을 지르게 하였습니다.

현종은 양귀비와 다정한 모습으로 잔치를 벌이며 연꽃을 감상했습니다. 이 모습을 본 신하와 여러 후궁들은 감탄하고 부러워했습니다.
오래도록 연꽃을 감상하다가 현종이 양귀비를 가리키며 신하와 후궁들에게 말했습니다.
"저 꽃들의 아름다움이 내 말을 이해하는 꽃과 견줄만하도다. 하지만 연꽃의 아름다움도 말(語)을 알아듣는(解) 이 꽃(花)에게는(즉 양귀비) 비할 바가 못 된다."
라고 말하여 양귀비에 대한 지극한 사랑을 표현했습니다.

'해어화' 란 말을 알아듣는 꽃, 즉 양귀비를 가리키는 말입니다.
여기에서 유래하여 미인을 비유하여 이르는 말로 해어화(解語花)가 쓰이게 되었답니다.
그러다가 나중에는 기녀의 별칭으로 쓰이게 되었습니다.

解 : 풀 해　　語 : 말씀 어(F4-13)　　花 : 꽃 화(B4-13)

다음 물음에 답하세요.

1. 다음 한자와 음이 바르게 연결된 것을 고르세요.

   ① 活 – 설   ② 重 – 중   ③ 要 – 간   ④ 動 – 득

2. 다음 한자와 훈이 바르게 연결되지 않은 것을 고르세요.

   ① 重 – 아름다울   ② 動 – 움직일   ③ 要 – 요긴할   ④ 得 – 얻을

3. 다음 빈 칸에 알맞은 한자와 훈음을 쓰세요.

4. 다음 설명에 알맞은 한자를 쓰세요.

   重(무거울 중)과 力(힘 력)을 합해 만든 한자입니다. 무거운 것(重)을 힘(力)을 써서 옮긴다는 뜻에서 **움직이다, 행동하다**라는 뜻을 나타내는 한자입니다.

다음 한자어의 음을 쓰세요.

5.  必 要

6.  動 力

다음 빈 칸에 공통적으로 들어갈 한자를 보기에서 찾아 쓰세요.

| 보기 | 要 | 重 | 得 | 活 | 動 |

7. 활☐   ☐력   행☐   ☐

8. ☐실   소☐   ☐이   ☐

9. 필☐   주☐   ☐소   ☐

왼쪽의 한자어가 되도록 바르게 연결하세요.

10. 활동 · · 重 · · 動

11. 중대 · · 主 · · 要

12. 주요 · · 活 · · 大

다음 보기 에서 알맞은 한자어를 찾아 쓰세요.

보기: 行動   活用   利得   要求

13. 그것이 지닌 능력이나 기능을 잘 살려 씀 ....

14. 몸을 움직임. 또는 그 동작 ....

15. 이익을 얻음. 또는 그 이익 ....

다음 빈 칸에 알맞은 한자어를 고르세요.

16. 이 문제는 [　　] 한 문제이므로 반드시 이해하고 넘어가야 합니다.
    ① 利得   ② 動力   ③ 重要   ④ 行動

17. 저 체조 선수의 착지 [　　] 은 매우 안정적입니다.
    ① 要求   ② 動作   ③ 必要   ④ 主要

18. 내일은 [　　] 를 집에 두고 출근해야겠다.
    ① 自動車   ② 活動   ③ 所得   ④ 必要

다음 보기 에서 알맞은 한자어를 찾아 쓰세요.

보기: 活字   活力   要所   利得

19. 활 자 [　　][　　]

20. 이 득 [　　][　　]

정답 수	평가 결과 및 향후 진도
16~20문항	잘했어요. G1집 3호로 진행하세요.
11~15문항	부족해요. 틀린 문제의 한자를 다시 학습한 후 G1집 3호로 진행하세요.
10문항 이하	많이 부족해요. 이번 호를 복습한 후 다음 호로 진행하세요.

 重 무거울 중

 要 요긴할 요

 活 살 활

 動 움직일 동

 得 얻을 득

重 要 活 動 得

무거울 중 요긴할 요 살 활 움직일 동 얻을 득

要	重
動	活
重要活動得	得

17a 1. 열매 과, 열매 실, 남편 부, 아내 부

2.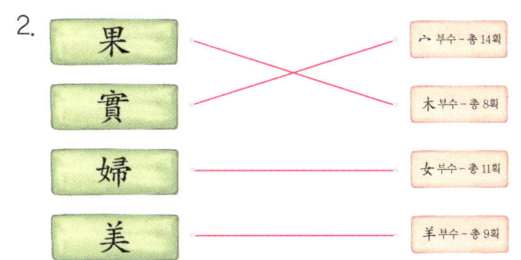

17b 3. 果實, 工夫, 夫婦, 美人   4. 주부, 부부, 과실
18a 중요, 필요
18b 생활, 활동
19a 소득
20a 亻, 東, 무거울, 중
20b 무거울, 중, 里, 9획
21a 女, 요긴할, 요
21b 요긴할, 요, 襾, 9획
23a 氵, 舌, 살, 활
23b 살, 활, 氵, 9획
24a 重, 力, 움직일, 동
24b 움직일, 동, 力, 11획
25a 얻을, 득
25b 얻을, 득, 亻, 11획
26a 필요, 活力
26b 중대, 이득, 활동
27a 1. 重, 중요   2. 重, 소중   3. 重, 重, 重
27b 1. 要, 필요   2. 要, 주요   3. 要, 要, 要
28a 1. 活, 활용   2. 活, 생활   3. 活, 活, 活
28b 1. 動, 활동   2. 動, 행동   3. 動, 動, 動
29a 1. 得, 소득   2. 得, 이득   3. 得, 得, 得
29b 1. 중요   2. 이용   3. 활동

30a 1. 중대   2. 주요   3. 생활   4. 행동   5. 득실
30b 1. 重   2. 要   3. 活   4. 動   5. 得
31a 1. (연결: 活-살-중, 要-무거울-동, 重-움직일-활, 動-얻을-요, 得-요긴할-득)

2. 得, 活, 活動, 要
31b 3. 得, 重, 活, 動, 要
    4. 重要, 生活, 所得, 必要, 活動

형성평가

1. ②   2. ①   3. 活, 살 활
4. 動   5. 필요   6. 동력
7. 動   8. 得   9. 要
10. 활동 — 重
11. 중대 — 主
12. 주요 — 活 / 動, 要, 大
13. 活用
14. 行動
15. 利得
16. ③
17. ②
18. ①
19. 活字
20. 利得

펴낸이 : 정지향
펴낸곳 : (주)기탄교육
기획·편집·디자인 : 기탄교육연구소
주소 : 06698 서울특별시 서초구 효령로 42 기탄출판문화센터
등록 : 제22-1740호
전화 : (02) 586-1007
팩스 : (02) 586-2337

※서점에 갈 시간이 없거나 구하기 어려운 분은 인터넷 또는 전화로 신청하세요. 즉시 우송해 드립니다.
● www.gitan.co.kr

ⓒ 2005 (주)기탄교육 All rights reserved.
저작권자의 동의 없이 본 교재를 무단으로 복제하거나 전재하는 것을 금합니다.

G 단계에서 배운 한자들

要 요긴할 요

得 얻을 득

活 살 활

重 무거울 중

動 움직일 동

果	實	夫	婦	美
열매 과	열매 실	남편 부	아내 부	아름다울 미

받아쓰기

♥ 엄마가 한자나 한자어를 부르고 아이가 받아쓰도록 합니다.

3호

기탄교과서한자 G단계 1집 33a~48a

G1집
1a-64a

G1집
3호
33a-48a

초등 교과서 한자어를 총체 분석한 어휘력 향상 한자 학습 프로그램

기탄 교과서 한자

공부한 날	월 일 ~ 월 일
교	반
이름	전화

www.gitan.co.kr

기초부터 탄탄하게
기탄교육

G단계 학습 한자 일람

	G단계						
1집	果, 實, 夫, 婦, 美	2집	時, 間, 空, 氣, 集	3집	問, 答, 登, 場, 省	4집	物, 件, 發, 電, 書
	重, 要, 活, 動, 得		現, 在, 協, 商, 事		春, 夏, 秋, 冬, 溫		高, 低, 苦, 樂, 朝
	夜, 景, 成, 功, 者		社, 會, 技, 能, 部		貴, 愛, 病, 死, 敬		眞, 理, 學, 習, 賞
	복습		복습		복습		복습

학습 진단 관리표

	한자		한자어		이번 주는			
	읽기	쓰기	읽기	쓰기				
금주평가	Ⓐ 아주 잘함	Ⓐ 아주 잘함	Ⓐ 아주 잘함	Ⓐ 아주 잘함	● 학습방법	❶ 매일매일	❷ 가끔	❸ 한꺼번에 하였습니다.
	Ⓑ 잘함	Ⓑ 잘함	Ⓑ 잘함	Ⓑ 잘함	● 학습태도	❶ 스스로 잘	❷ 시켜서 억지로 하였습니다.	
	Ⓒ 보통	Ⓒ 보통	Ⓒ 보통	Ⓒ 보통	● 학습흥미	❶ 재미있게	❷ 싫증내며 하였습니다.	
	Ⓓ 노력해야 함	Ⓓ 노력해야 함	Ⓓ 노력해야 함	Ⓓ 노력해야 함	● 교재내용	❶ 적합하다고	❷ 어렵다고	❸ 쉽다고 하였습니다.

지도 교사가 부모님께	부모님이 지도 교사께

종합평가	Ⓐ 아주 잘함	Ⓑ 잘함	Ⓒ 보통	Ⓓ 노력해야 함

G1집
33a-48a

이번 주 학습 포인트

1 일차
33a~35b
- 다시보기를 통하여 앞서 배운 한자 重, 要, 活, 動, 得의 훈, 음, 형, 한자어를 복습합니다.
- 이번 주에 배울 夜, 景, 成, 功, 者의 용례를 문장 속에서 찾아봅니다.
- 인물 이야기 '위대한 발명가 에디슨'을 읽고 이번 주 학습 한자를 찾아봅니다.

2 일차
36a~38b
- 알아보기를 통하여 이번 주에 학습할 夜, 景의 3요소와 필순, 부수를 학습합니다.
- 만화로 고사성어 管鮑之交의 뜻과 쓰임을 알아보고 적절하게 사용할 수 있습니다.

3 일차
39a~42b
- 알아보기를 통하여 이번 주에 학습할 成, 功, 者의 3요소와 필순, 부수를 학습합니다.
- 功을 工+力으로 파자하여 형성, 회의 과정을 이해합니다.
- 동화 '소가 골라 준 새 신랑'을 읽고 학습한 한자를 문장 속에서 활용해 봅니다.

4 일차
43a~45b
- 夜, 景, 成, 功, 者를 다른 한자와 결합하여 한자어를 익힙니다.
- 알고 있는 한자와 결합하여 스스로 造語(조어) 원리를 깨달을 수 있습니다.
- 신문 기사를 읽고 기사문 속에 한자의 3요소를 적용하여 학습합니다.

5 일차
46a~48a
- 이번 주에 학습한 夜, 景, 成, 功, 者와 한자어를 마무리합니다.
- 풀어보기를 통해 학습 한자를 정리하고 읽을거리 '발 아래에 있는 사람'을 읽어 봅니다.
- 형성평가를 풀이하여 한 주 학습 성취도를 스스로 진단해 봅니다.

重要活動得 다시보기

1. 다음 빈 칸에 알맞은 훈음을 쓰세요.

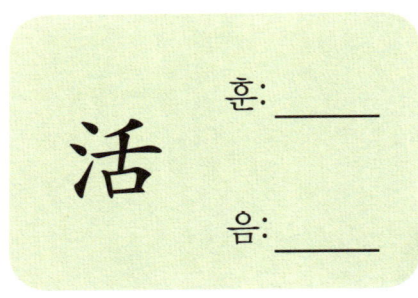

活 훈: ___ 음: ___

要 훈: ___ 음: ___

重 훈: ___ 음: ___

得 훈: ___ 음: ___

2. 서로 관련 있는 것끼리 선으로 이으세요.

要
重
動
得

里 부수 - 총 9획

力 부수 - 총 11획

彳 부수 - 총 11획

襾 부수 - 총 9획

3. 다음 보기 에서 알맞은 한자어를 찾아 쓰세요.

보기: 動力　　生活　　必要　　利得

- 어떠한 물체를 움직이게 하는 힘 …… ☐☐
- 살아서 활동함. 생계를 유지하여 살아감 …… ☐☐
- 이익을 얻음. 또는 그 이익 …… ☐☐
- 꼭 소용이 됨 …… ☐☐

4. 다음 보기 에서 알맞은 음을 찾아 쓰세요.

보기: 이용　　사용　　활동　　생활

자석은 우리 **生活**☐☐ 에서 널리 **使用**☐☐ 되고 있습니다.

여러 가지 **活動**☐☐ 을 통하여 자석의 성질을 알아보고, 자석의 성질을 **利用**☐☐ 하여 재미있는 놀이를 해 봅시다.

夜, 景이 쓰인 문장을 읽고 빈 칸에 한자어의 음을 쓰세요.

노르웨이에는 여름이 되면 **白夜**(백야)가 찾아옵니다. **白夜**는 한밤중이 되어도 해가 지지 않는 날을 말합니다.

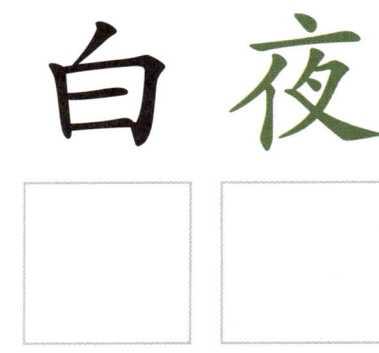

白 夜

☐ ☐

눈이 덮인 마을의 밤 **風景**(풍경)은 정말 아름다웠다.

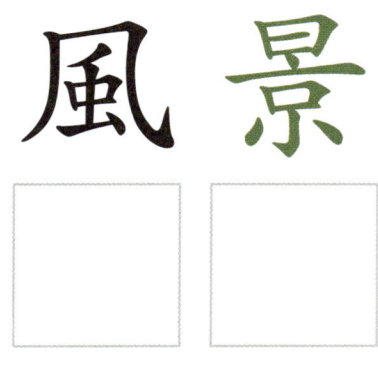

風 景

☐ ☐

확인하기 白 : 흰 백(B2-7)   風 : 바람 풍(B3-11)

成, 功이 쓰인 문장을 읽고 빈 칸에 한자어의 음을 쓰세요.

1960년대 우리 나라의 자원, 인력, 기술은 모두 후진국 수준이었기 때문에, 외국인들은 한국 경제 **成長(성장)**을 두고 매우 놀라워한다.

막내 삼촌은 사업 수완이 뛰어나서 큰 **成功(성공)**을 거두었다.

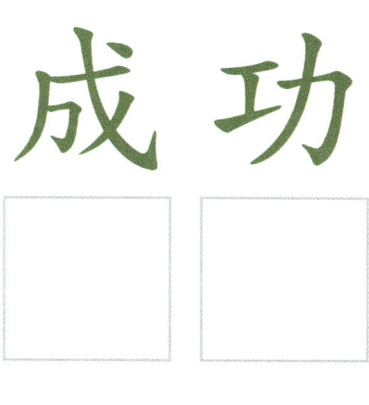

확인하기 長 : 길/어른 장(D3-11)

者가 쓰인 문장을 읽고 빈 칸에 한자어의 음을 쓰세요.

청년은 **富者(부자)**가 건네준 돈 봉투를 받아 마을로 돌아왔습니다.

夜, 景, 成, 功, 者가 쓰인 한자어의 음을 읽어 보세요.

白夜 백야   風景 풍경   成長 성장

成功 성공   富者 부자

확인하기 富 : 부유할 부(D2-6)   白 : 흰 백(B2-7)   風 : 바람 풍(B3-11)   長 : 길/어른 장(D3-11)

人物 이야기로 배우는 漢字

🌑 인물 이야기를 통해 夜, 景, 成, 功, 者의 훈음을 알아보세요.

위대한 발명가 에디슨

에디슨은 미국의 발명가입니다. 그는 대단한 노력가였습니다. 한번 연구에 몰두하기 시작하면 **밤(夜)**을 세우는 일이 허다했습니다. 하루는 걱정하다 못한 그의 제자가 말했습니다.

"선생님, 제발 잠 좀 주무세요. 병이라도 나시면 어떡합니까?"

"걱정 말아요."

"그러지 말고 어디 편안한 곳에 가서 푹 쉬다 오세요, 네?"

그 말을 들은 에디슨은 고개를 끄덕였습니다.

"좋아. 그런데 어디서 쉬어야 할까?"

"그건 선생님께서 가장 편하다고 느끼는 곳에서 쉬면 되지요."

다음 날 연구실 문을 연 제자는 깜짝 놀랐습니다. 한 구석에서 에디슨이 여전히 실험을 하고 있는 게 아니겠어요?

"내 연구실이야말로 세상에서 가장 편한 곳일세."

이렇듯 남다른 노력으로 에디슨의 연구는 큰 **성(成)**과를 거둬 전등이나 축음기 같은 유용한 물건들이 탄생하게 되었습니다. 오늘날 도시의 아름다운 **야경(夜景)**을 볼 수 있는 것도, 멋진 음악을 들을 수 있게 된 것도 그의 발명의 결과라고 할 수 있습니다. 그가 남긴 명언 중 "실패는 **성공(成功)**의 어머니다." 란 말은 실패를 두려워하지 않고 끊임없이 노력하는 **자(者)**만이 성공할 수 있다는 뜻으로 오래도록 사람들의 가슴에 남았습니다.

夜 : 밤 야   景 : 볕 경   成 : 이룰 성   功 : 공 공   者 : 사람 자

에디슨 [Thomas Alva, Edison 1847.2.11~1931.10.18]

미국의 발명가로 오하이오 주에서 태어났고 가난한 집안 형편 때문에 어린 시절 철도에서 과자팔이, 신문팔이 등을 하며 살았습니다. 이후 전신술을 배워 전신수로 일하기도 했습니다. 전기 투표기록기를 발명하여 최초의 특허를 받았으며, 영사기, 축음기, 전등을 발명하였습니다.

"천재란 99%가 땀이며, 나머지 1%가 영감이다."라는 유명한 말을 남겼습니다.

📖 夜의 훈과 음을 읽어 보세요.

훈:밤 음:야

👀 夜가 만들어진 유래를 알아보세요.

夕 + 亦 → 夜

저녁 석　　또한 역

夕(저녁 석)과 亦(또한 역)을 합한 한자입니다. 夕은 달의 모습을 나타낸 한자인데, 달이 뜨는 시간은 어두운 밤이므로 밤이라는 뜻을 나타내게 되었습니다. 亦(역 → 야)이 음부분으로 쓰였습니다.

✍ 빈 칸에 알맞게 쓰세요.

夜는 ☐ (저녁 석) 과 ☐ 亦 (또한 역) 을 합한 한자로

훈은 ☐ 이고, 음은 ☐ 입니다.

확인하기　夕 : 저녁 석(B4-14)　　亦 : 또한 역　　• 亦의 획이 줄어들어 지금의 夜 자형을 갖추었습니다.

夜의 부수와 총획수를 알아보고 빈 칸에 알맞게 쓰세요.

夜
밤 야

부수 - 夕   총획 - 8획

▶夕은 '저녁 석' 입니다.

· 夜의 **훈**은 □ 이고, **음**은 □ 입니다.

· 夜의 **부수**는 □ 이고, **총획**은 □ 입니다.

夜의 필순을 알아보고 알맞게 쓰세요.

확인하기 • 夜와 상대적인 뜻의 한자로 晝(낮 주)가 있습니다.

📖 景의 훈과 음을 읽어 보세요.

훈:볕 음:경

景이 만들어진 유래를 알아보세요.

日 + 京 → 景

날/해 일   서울 경

日(날/해 일)과 京(서울 경)을 합한 한자로 日은 햇볕인데, 햇빛이 비치는 볕, 빛, 풍경, 경치라는 뜻을 나타내었고, 京이 음부분으로 쓰였습니다.

빈 칸에 알맞게 쓰세요.

景은 ☐ (날/해 일) 과 ☐ (서울 경) 을 합한 한자로

훈은 ☐ 이고, 음은 ☐ 입니다.

확인하기 日 : 날/해 일(A1-1)   京 : 서울 경(E1-1)

🌙 景의 부수와 총획수를 알아보고 빈 칸에 알맞게 쓰세요.

景
볕 경

부수 – 日   총획 – 12획

▶ 日은 '날/해 일' 입니다.

· 景의 **훈**은 [　　] 이고, **음**은 [　　] 입니다.
· 景의 **부수**는 [　　] 이고, **총획**은 [　　] 입니다.

✏️ 景의 필순을 알아보고 알맞게 쓰세요.

丨 冂 冃 日 旦 昙 昙 景 景 景 景 景

기탄한자 G1-37b

管 : 피리 **관**　　鮑 : 절인어물 **포**　　之 : 어조사 **지**　　交 : 사귈 **교**

매우 친한 친구 사이의 사귐을 이르는 성어입니다. 중국 춘추 시대의 관중과 포숙아의 사귐이 매우 친밀한 데서 유래된 고사로 매우 친한 친구 사이를 이르는 성어입니다.

📖 成의 훈과 음을 읽어 보세요.

훈: 이룰 음: 성

🔍 成이 만들어진 유래를 알아보세요.

戌 + 丁 → 成

열한 번째 지지 술   넷째 천간 정

戌(열한 번째 지지 술)과 丁(넷째 천간 정)을 합한 한자입니다. 넓은 칼날이 달린 긴 창의 모습(戌)과 이 무기를 가진 군인들이 적을 평정한다는 데서 이루다, 이루어지다를 뜻하는 한자입니다. 丁(정 → 성)이 음부분으로 쓰였습니다.

✏️ 빈 칸에 알맞게 쓰세요.

成은 　戌 (열한 번째 지지 술)　 과 　丁 (넷째 천간 정)　 을 합한 한자로

훈은 　　　　 이고, 음은 　　　　 입니다.

[확인하기] 戌 : 열한 번째 지지 술   丁 : 넷째 천간 정

◐ 成의 부수와 총획수를 알아보고 빈 칸에 알맞게 쓰세요.

成
이룰 성

부수 - 戈   총획 - 7획

▶ 戈는 '창 과' 입니다.
▶ 戈는 무기 중에서 창이란 뜻을 나타냅니다.

· 成의 **훈**은 [　　] 이고, **음**은 [　　] 입니다.

· 成의 **부수**는 [　　] 이고, **총획**은 [　　] 입니다.

◐ 成의 필순을 알아보고 알맞게 쓰세요.

丿 厂 厂 万 成 成 成

📖 功의 훈과 음을 읽어 보세요.

훈:공 음:공

📖 功이 만들어진 유래를 알아보세요.

工 + 力 → 功

장인 공   힘 력

工(장인 공)과 力(힘 력)을 합한 한자입니다. 물건을 만들기(工) 위해 힘(力)을 쓰는 모습에서 공로, 성공하다라는 뜻을 나타내는 한자입니다.

📖 빈 칸에 알맞게 쓰세요.

功은 ☐(장인 공)과 ☐(힘 력)을 합한 한자로
훈은 ☐ 이고, 음은 ☐ 입니다.

확인하기 工 : 장인 공(B2-6)   力 : 힘 력(A4-14)   • 工은 장인들이 물건을 만들 때 사용하는 공구의 모양을 본뜬 한자입니다.

🌙 功의 부수와 총획수를 알아보고 빈 칸에 알맞게 쓰세요.

功
공 공

부수 - 力　　　총획 - 5획

▶ 力은 '힘 력' 입니다.

· 功의 **훈**은 ☐ 이고, **음**은 ☐ 입니다.

· 功의 **부수**는 ☐ 이고, **총획**은 ☐ 입니다.

✏️ 功의 필순을 알아보고 알맞게 쓰세요.

一 丁 工 功 功

📖 者의 훈과 음을 읽어 보세요.

훈: 사람   음: 자

📖 者가 만들어진 유래를 알아보세요.

나물이나 고깃덩이를 솥에 삶는 것을 나타낸 한자입니다. 본래는 삶다를 뜻했으나, 후에 주로 사람이나 사물을 가리키는 조사로 쓰이게 되어 **사람, ~것, 곳** 등을 뜻하게 되었습니다.

📖 빈 칸에 알맞게 쓰세요.

者는 나물이나 고깃덩이를 솥에 삶는 것을 나타낸 한자로

훈은 [ ] 이고, 음은 [ ] 입니다.

확인하기
- 耂(늙을 로)와 丶(점 주)는 나물과 고깃덩이를, 日(날/해 일)은 솥의 모양이 바뀐 것입니다.
- '삶다'의 본뜻은 火(灬)를 더해 煮(삶을 자)를 만들어 사용하였습니다.

📖 者의 부수와 총획수를 알아보고 빈 칸에 알맞게 쓰세요.

者
사람 자

부수 – 耂(老)   총획 – 9획

▶ 耂는 '늙을 로' 입니다.
▶ 耂는 老(늙을 로)가 부수로 쓰여 모양이 변한 것입니다.

· 者의 **훈**은 ☐ 이고, **음**은 ☐ 입니다.
· 者의 **부수**는 ☐ 이고, **총획**은 ☐ 입니다.

✍ 者의 필순을 알아보고 알맞게 쓰세요.

一 十 土 耂 耂 者 者 者 者

기탄한자 G1-41b

술술술 漢字동화

동화를 읽고 보기 에서 알맞은 한자나 음을 찾아 쓰세요.

소가 골라 준 새 신랑 3

이틀 밤 ☐ 이 지나고 드디어 그 날이 왔습니다. 부잣집 문 앞에는 사람들이 몰려와 곱게 단장한 막내딸을 구경했어요.

"캬! 정말 美人 ☐☐ 이군."

"저런 아름다운 여자를 婦人 ☐☐ 으로 맞이하는 사람은 얼마나 행복할까?"

막내딸을 태운 소는 어슬렁거리며 출발했습니다.

그 光景 ☐☐ 은 참으로 대단했지요. 소는 길가의 풀을 뜯어가며 천천히 움직였습니다.

보기 夜   미인   부자   성공   광경   부인

그런데 소가 걸음을 멈출 때마다 사람들은 소가 자기 집으로 들어올 것으로 생각하고 폭죽을 터뜨렸습니다. 소는 폭죽소리에 기겁을 하고 놀라 도망쳤습니다.

소는 다시 다른 부잣집 앞에 다다랐습니다. 이번에도 사람들은 기쁜 나머지 꽹과리를 치고 징을 울려댔습니다. 소가 시끄러운 소리를 무척 싫어하는 동물인걸 잊었던 게지요.

그러는 동안 소는 어느덧 지혜로운 청년의 오두막에 이르렀습니다.

청년은 문 앞에서 소의 여물을 말리고 있었지요. 풀을 질겅거리며 걸어오던 소는 빠른 걸음으로 청년의 오두막으로 들어왔습니다.

"얏호! 成功 □□ 이다!"

그 모습을 본 富者 □□ 영감은 발을 동동 굴렀지요.

"아니! 저 자가 내 사위가 되다니!"

이야기는 여기서 끝난 게 아닙니다.

— 계속 —

| 확인하기 | 美 : 아름다울 미(G1-1) | 人 : 사람 인(A3-11) | 富 : 부유할 부(D2-6) | 光 : 빛 광(C2-7) | 婦 : 아내 부(G1-1) |

夜로 漢字語 만들기

🔖 빈 칸에 알맞게 쓰고 夜로 이루어지는 한자어를 알아보세요.

1.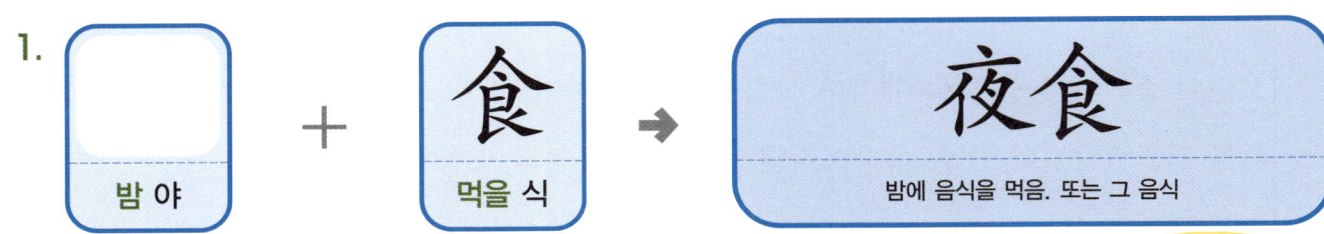

   [夜] 밤 야 + 食 먹을 식 → 夜食 밤에 음식을 먹음. 또는 그 음식

   오늘 이후로 우리 가족은 夜食(　　　)을 먹지 않는 것은 물론이고, 운동과 식사량 조절을 병행하여 체중을 줄이기로 했다. 우리 가족 화이팅!

2.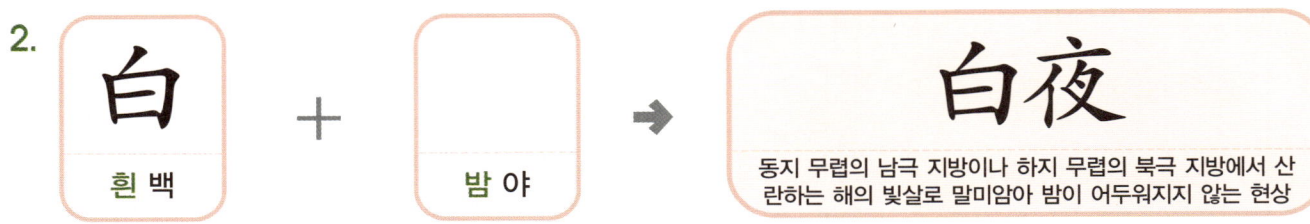

   白 흰 백 + [夜] 밤 야 → 白夜 동지 무렵의 남극 지방이나 하지 무렵의 북극 지방에서 산란하는 해의 빛살로 말미암아 밤이 어두워지지 않는 현상

   白夜(　　　) 현상은 북극 지방에서는 하지 무렵에, 남극 지방에서는 동지 무렵에 일어나며, 가장 긴 곳은 6개월이나 계속된다.

3.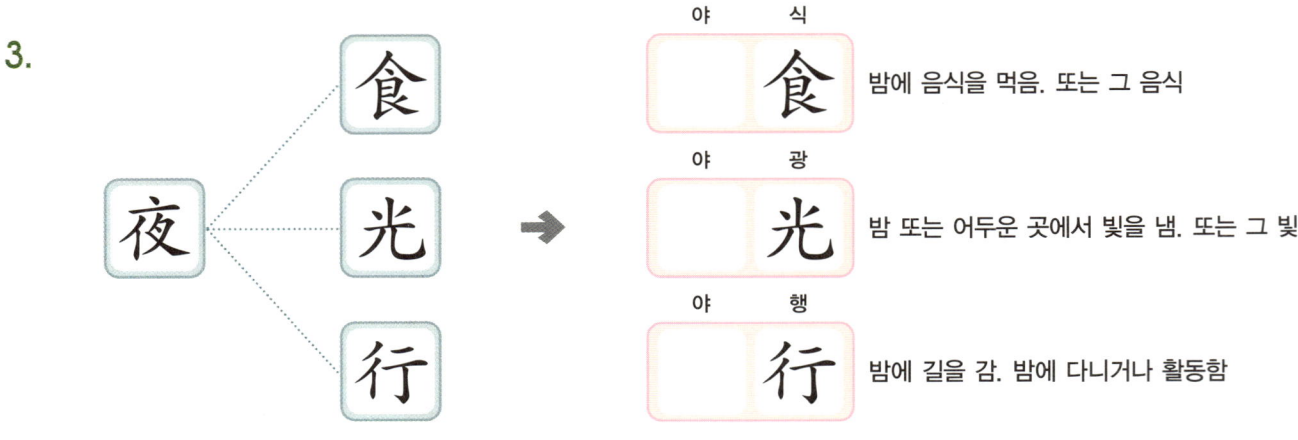

   夜 — 食 / 光 / 行 →
   - 야 식 [　]食 : 밤에 음식을 먹음. 또는 그 음식
   - 야 광 [　]光 : 밤 또는 어두운 곳에서 빛을 냄. 또는 그 빛
   - 야 행 [　]行 : 밤에 길을 감. 밤에 다니거나 활동함

확인하기 食 : 먹을 식(C3-11)   白 : 흰 백(B2-7)   光 : 빛 광(C2-7)   行 : 다닐/항렬 행/항(C2-7)

🔖 빈 칸에 알맞게 쓰고 景으로 이루어지는 한자어를 알아보세요.

1.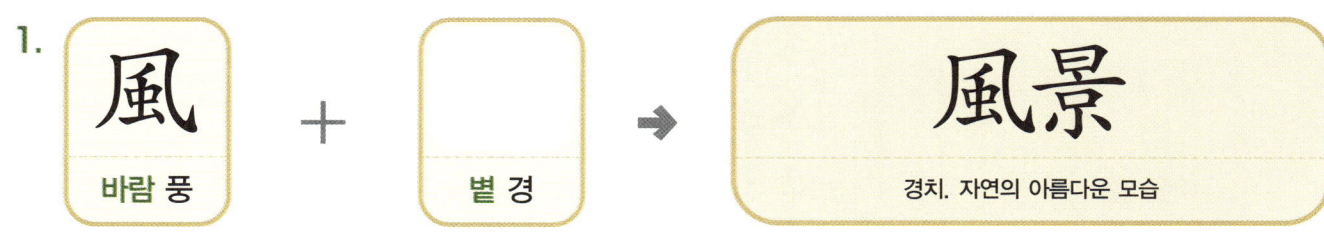

어제는 우리 동네의 **風景**(　　　)을 그리려고 산에 올라갔습니다. 그런데 뿌연 공기 때문에 우리 동네를 제대로 그릴 수 없었습니다.

2.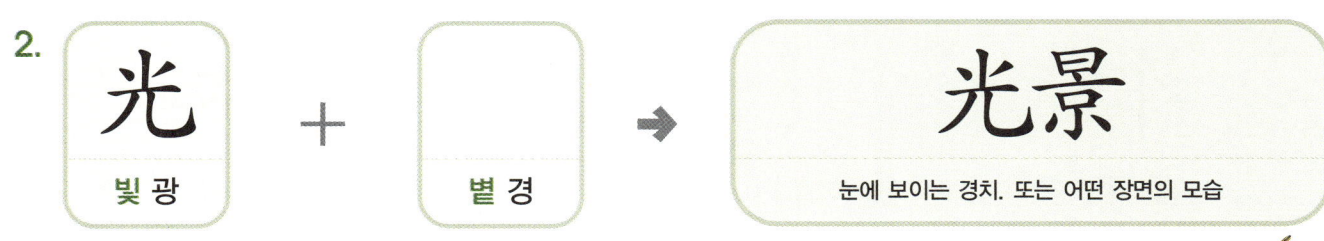

동헌에서 벌어지는 우스운 **光景**(　　　)을 본 마을 사람들은 그만 웃음을 터뜨리고 말았습니다.

3.

확인하기 　風 : 바람 풍(B3-11)　　光 : 빛 광(C2-7)　　山 : 산/뫼 산(A1-1)　　雪 : 눈 설(F4-15)

빈 칸에 알맞게 쓰고 成으로 이루어지는 한자어를 알아보세요.

1.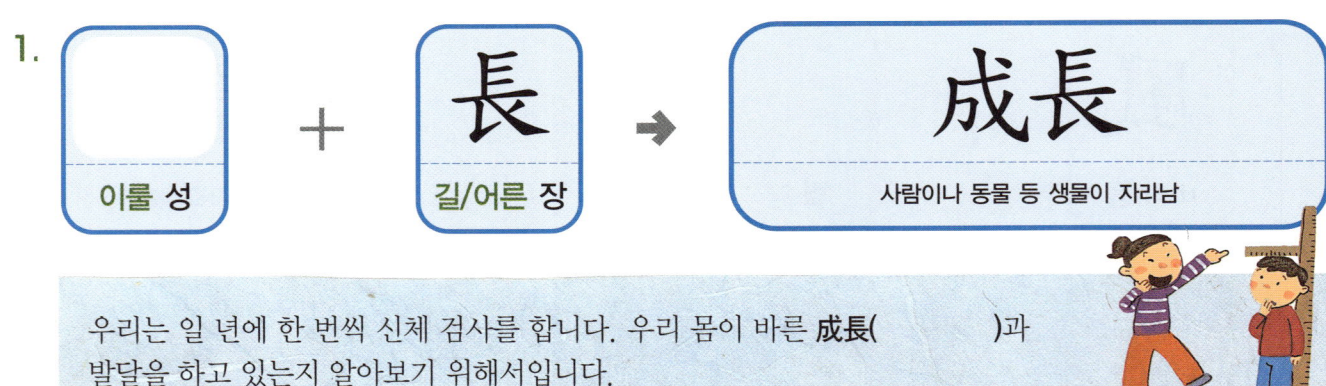

우리는 일 년에 한 번씩 신체 검사를 합니다. 우리 몸이 바른 **成長**(   )과 발달을 하고 있는지 알아보기 위해서입니다.

2.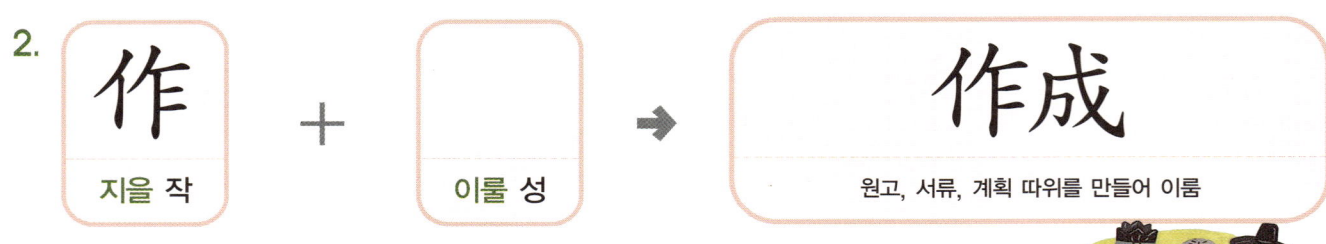

우리 조상들의 의식주 생활 모습에서 알게 된 뛰어난 슬기를 다른 나라 사람들에게 소개하는 안내문을 **作成**(   )했습니다.

3.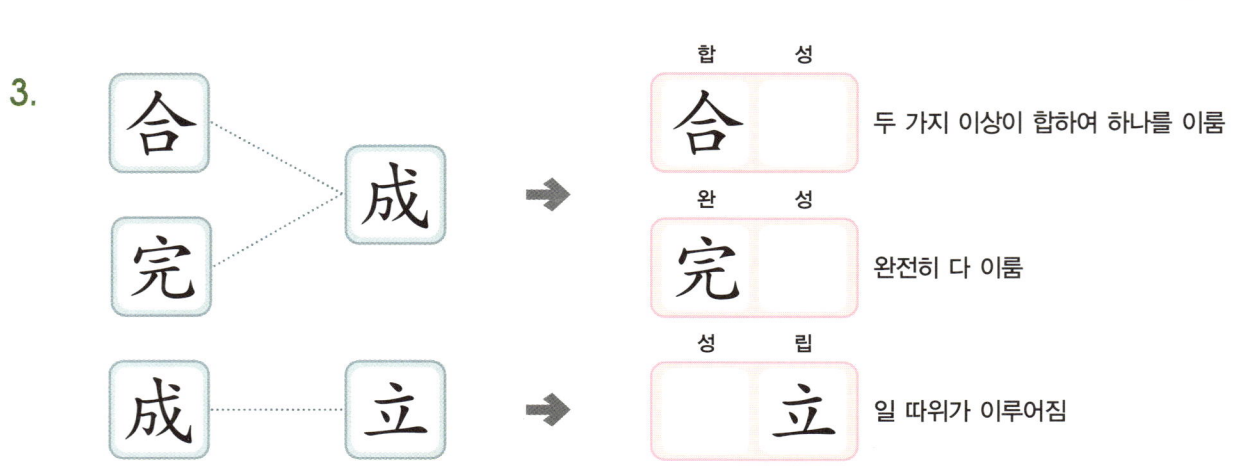

확인하기 長 : 길/어른 장(D3-11)   作 : 지을 작(F3-10)   合 : 합할 합(C4-15)   完 : 완전할 완(D3-10)   立 : 설 립(C2-6)

빈 칸에 알맞게 쓰고 功으로 이루어지는 한자어를 알아보세요.

1.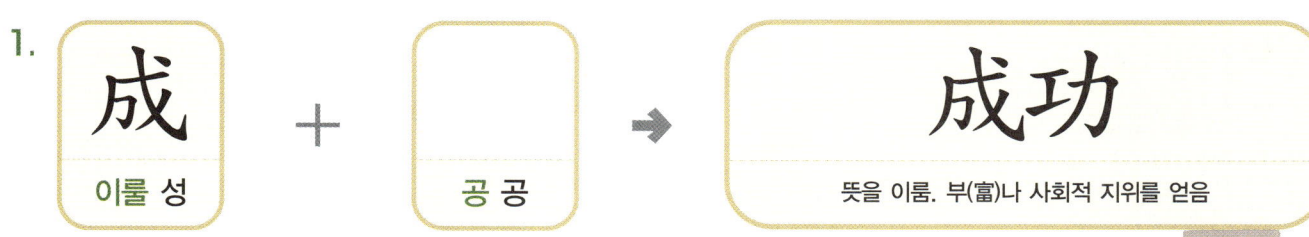

작은 친절로 큰 소득을 얻게 된 그는 나중에 크게 成功(　　　)하였습니다.

2.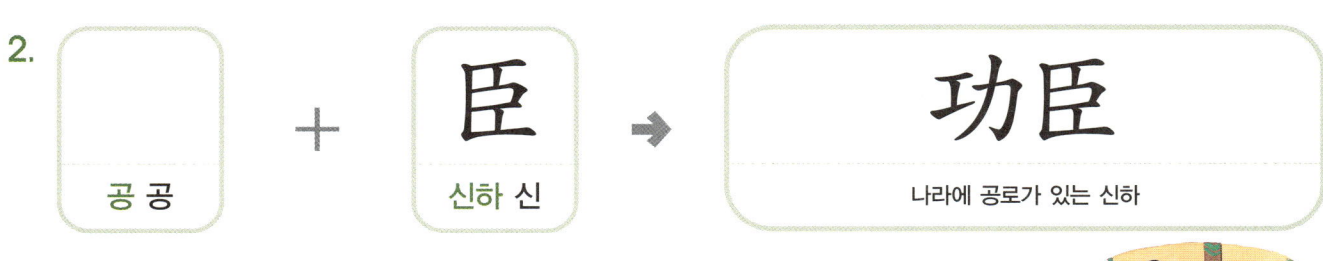

"그대는 조선 건국 시기의 가장 큰 功臣(　　　)이었소. 그러나 이제는 나라의 번영과 안위를 위해 물러나시어야겠소."

3.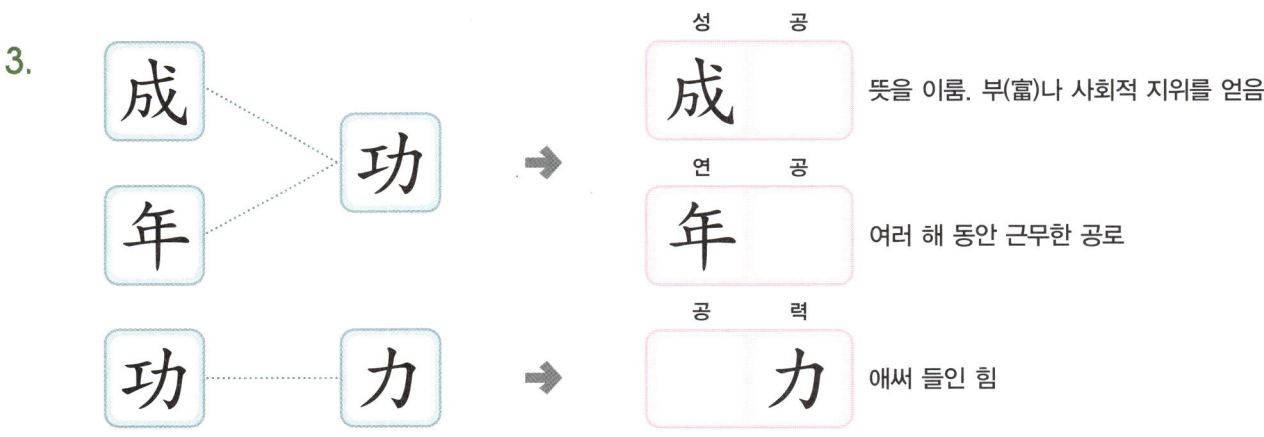

확인하기 臣 : 신하 신(C4-13)   年 : 해 년(E2-7)   力 : 힘 력(A4-14)

기탄한자 G1-44b

者로 漢字語 만들기

📖 빈 칸에 알맞게 쓰고 者로 이루어지는 한자어를 알아보세요.

1.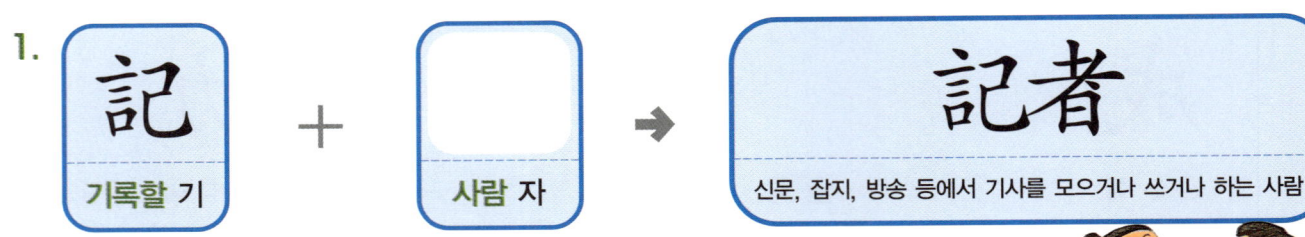

우리 삼촌은 학교 신문사에서 **記者**(　　　)로 활동한다. 졸업 후 진로도 신문사에서 **記者**로 일하길 원한다.

2.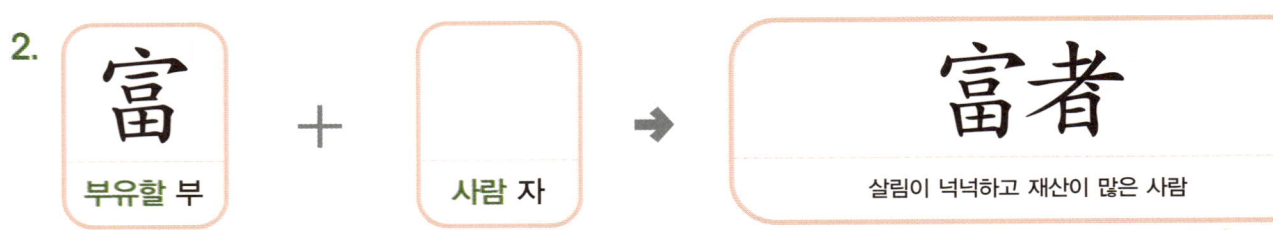

과학자의 연구 결과는 개인의 명예나 부를 위한 수단으로 이용되어서는 안 된다는 생각에 퀴리부부는 **富者**(　　　)가 되고 싶은 유혹을 뿌리쳤습니다.

3.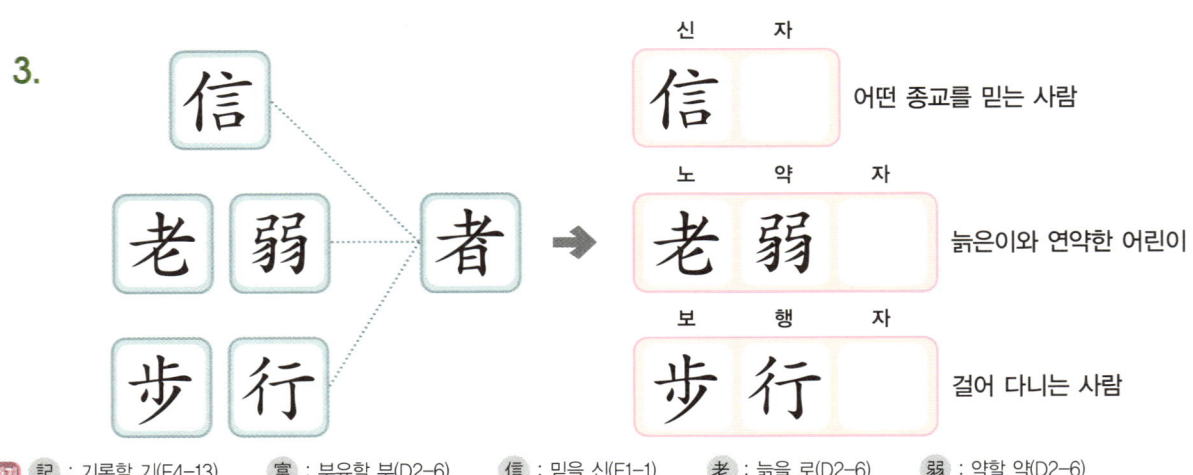

記 : 기록할 기(F4-13)   富 : 부유할 부(D2-6)   信 : 믿을 신(F1-1)   老 : 늙을 로(D2-6)   弱 : 약할 약(D2-6)
步 : 걸을 보(C2-7)   行 : 다닐/항렬 행/항(C2-7)

신문 기사를 읽고 물음에 답하세요.

나도 新聞을 읽을 수 있어요!

제3호

해외여행 / 日 간사이 5색 체험관광
- 내 몸속에 추억을 담고 온다.

여행에서 가장 기억에 남는 것은 무엇일까. 자신이 몸소 체험한 것이 오랫동안 추억의 한 페이지를 장식하지 않을까 싶다. 일본 간사이광역연휴협의회는 최근 다양한 체험관광 코스를 개발, 관광객 유치에 나서고 있다. 소박하면서 잔재미를 느낄 수 있는 간사이 지역 체험관광코스를 소개한다.

▶ 비와코 크루즈
일본 최대의 호수 비와코. 4백만 년의 역사를 간직하고 있다.
시가현의 오쯔시에서 만난 비와코는 바다를 연상케 할 만큼 엄청난 규모를 자랑한다. 수영장, 윈드서핑, 요트 등 수상 스포츠의 무대이면서도, 당국의 철저한 수질관리로 간사이 지방 일대의 수원지로 ㉠活用되고 있다.

크루즈선으로 운항하는 비와코 크루징은 아메리칸 스타일의 쇼를 즐기면서 로맨틱한 추억을 만들 수 있다. 선상에서 바라보는 높이 40m의 초대형 분수는 장관을 연출한다.
미시간 크루즈를 타고 즐기는 호수의 ㉡야경은 무드를 한껏 고조시킨다.

㉢성인 2,640~5,090엔, 어린이 1,320~2,770엔으로 비용이 다소 비싼

게 흠. 비와코에서는 뱃사공이 일본식 배를 이용해 직접 노를 저어 수로를 헤쳐가는 수향순회체험을 즐길 수도 있다.

[경향신문] 2004-09-01

1. ㉠의 음을 쓰세요.

2. ㉡을 한자로 바르게 바꾸어 쓴 것을 고르세요.
   ① 夜景　② 夜京　③ 夕景　④ 夕京

3. ㉢을 한자로 바꾸어 쓰세요.

漢字語 다지기

夜 景 成 功 者

빈 칸에 알맞은 음을 쓰고 필순에 맞게 한자를 쓰세요.

한자어	음	필순
白夜	1. 백야	夜 　丶亠广疒疒夜夜夜
風景	2.	景 　１口日日旦早旦몯몯景景
成長	3.	成 　１厂厂厅成成成
功力	4.	功 　一丁工巧功
記者	5.	者 　一十土耂耂者者者

빈 칸에 공통적으로 들어갈 한자를 쓰세요.

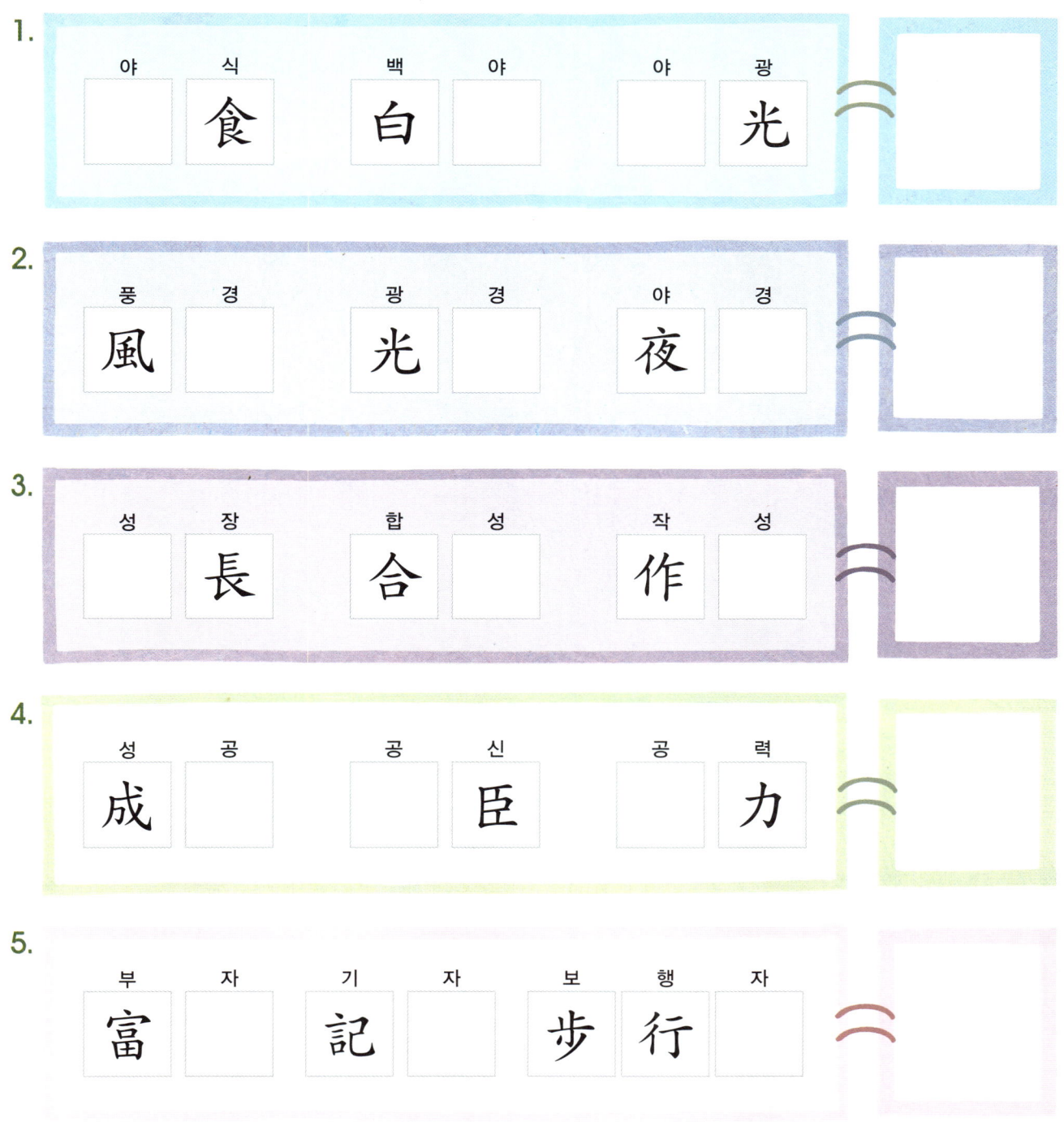

1. 서로 관련 있는 것끼리 선으로 이으세요.

夜　　　　　별　　　　　성

功　　　　　공　　　　　경

成　　　　　사람　　　　자

景　　　　　이룰　　　　야

者　　　　　밤　　　　　공

2. 다음 빈 칸에 알맞은 한자를 쓰세요.

3. 다음 빈 칸에 공통적으로 들어갈 한자를 쓰세요.

| 성공 | 공력 | 공신 |
| 成□ | □力 | □臣 |

| 풍경 | 광경 | 야경 |
| 風□ | 光□ | 夜□ |

| 기자 | 보행자 | 부자 |
| 記□ | 步行□ | 富□ |

| 성장 | 합성 | 작성 |
| □長 | 合□ | 作□ |

| 야식 | 야광 | 백야 |
| □食 | □光 | 白□ |

4. 다음 보기 에서 알맞은 한자어를 찾아 쓰세요.

보기: 夜景　　成功　　風景　　成長　　富者

• 우리 나라 수도 서울의 □□(야경)은 휘황한 불빛으로 너무나 아름답습니다.

• 물만 먹고 자라는 콩나물은 □□(성장) 속도가 빠릅니다.

• 황금빛으로 물들어 가는 가을 들녘의 □□(풍경)이 아름답습니다.

• 살림이 넉넉한 사람보다 마음이 넉넉한 사람이 진짜 □□(부자) 입니다.

• 뜻한 목적을 이룬 사람을 □□(성공)한 사람이라고 합니다.

기탄한자 G1-47b

발 아래에 있는 사람

중국 진나라의 문공이 무릎을 탁 치며 크게 후회했습니다.
'이런, 내가 어찌하여 개자추의 은공을 까맣게 잊었단 말인가!'
개자추는 문공이 왕이 되기 전에 19년 동안 곁에서 시중을 들어준 부하였습니다.
개자추는 먹을 것이 떨어지면 자신의 살을 베어 줄 정도로 문공에게 헌신했습니다.
그런데 문공이 왕위에 오르자, 그만 충성스러운 개자추를 모른 체했던 것입니다.
뒤늦게 잘못을 깨달은 문공은 개자추에게 사람을 보냈지만, 번번이 허탕만 치고 돌아왔습니다.
그래서 문공은 사람들을 시켜, 개자추가 나오도록 한 면만 터 놓고 산에 불을 질렀습니다. 하지만 개자추는 불타는 나무를 끌어안은 채 불길에 타 죽고 말았습니다.

"흐흑! 개자추를 죽게 만들다니, 내가 이리 덕이 없는 사람이란 말인가!"
문공은 개자추가 끌어안고 죽었다는 나무를 베어 오게 했습니다. 그리고 그 나무로 나막신을 만들었습니다.
"흐흑! 족하, 족하!"
문공은 나막신을 보며, '족하' 라고 애달프게 불렀습니다.
'족하(足下)' 란 발 아래라는 뜻으로, 자신의 사람됨이 개자추의 발 아래에 있다는 것입니다.

여기서 생긴 '족하' 라는 말은 시간이 흐름에 따라 '천자 족하', '대왕 족하' 등 임금을 부르는 호칭으로 쓰였습니다. 또 임금의 발 아래에서 역사를 기록하는 사관을 뜻하는 말로 쓰이기도 했습니다. 그러다가 지금처럼 형제나 자매가 낳은 자식을 가리키는 친족의 호칭인 조카로 쓰이게 되었습니다.

• 조카 : 형제자매의 아들   • 족하 : 비슷한 연배 사이에서 상대편을 일컫는 말(주로 편지글에서 상대편의 이름 밑에 씀)

형성평가

G단계 3호

다음 물음에 답하세요.

1. 다음 한자와 음이 바르게 연결되지 않은 것을 고르세요.

   ① 夜 – 야   ② 景 – 경   ③ 成 – 공   ④ 者 – 자

2. 다음 한자와 훈이 바르게 연결되지 않은 것을 고르세요.

   ① 功 – 책상   ② 成 – 이룰   ③ 景 – 볕   ④ 夜 – 밤

3. 다음 빈 칸에 알맞은 한자와 훈음을 쓰세요.

4. 다음 설명에 알맞은 한자를 쓰세요.

   日(날/해 일)과 京(서울 경)을 합해 만든 한자입니다. 日은 햇볕인데, 햇빛이 비치는 볕, 빛, 풍경, 경치라는 뜻을 나타내는 한자입니다.

다음 한자어의 음을 쓰세요.

5.  功臣

6.  雪景

다음 빈 칸에 공통적으로 들어갈 한자를 보기 에서 찾아 쓰세요.

보기   夜   景   成   功   者

7. ☐식   ☐광   백☐

8. ☐장   합☐   작☐

9. 성☐   ☐력   ☐신

왼쪽의 한자어가 되도록 바르게 연결하세요.

10. 공신 · · 白 · · 夜

11. 부자 · · 富 · · 臣

12. 백야 · · 功 · · 者

다음 보기 에서 알맞은 한자어를 찾아 쓰세요.

보기: 信者   合成   夜行   山景

13. 두 가지 이상이 합하여 하나를 이룸 .... ☐☐

14. 어떤 종교를 믿는 사람 .... ☐☐

15. 밤에 길을 감. 밤에 다니거나 활동함 .... ☐☐

다음 빈 칸에 알맞은 한자어를 고르세요.

16. 그는 ☐ 생활 20년의 노련한 신문인이다.
① 雪景　② 記者　③ 老弱者　④ 夜行

17. 그 원고를 ☐ 하여 내 책상 위에 놓고 가시오.
① 作成　② 雪景　③ 夜行　④ 步行者

18. 겨울 설악산의 멋진 ☐ 을 감상해 보세요.
① 記者　② 功力　③ 雪景　④ 成功

다음 보기 에서 알맞은 한자어를 찾아 쓰세요.

보기: 合成   夜光   記者   作成

19. 기 자 ☐☐

20. 야 광 ☐☐

정답 수	평가 결과 및 향후 진도
16~20문항	잘했어요. G1집 4호로 진행하세요.
11~15문항	부족해요. 틀린 문제의 한자를 다시 학습한 후 G1집 4호로 진행하세요.
10문항 이하	많이 부족해요. 이번 호를 복습한 후 다음 호로 진행하세요.

夜
밤 야

景
별 경

成
이룰 성

功
공 공

者
사람 자

夜 景 成 功 者
밤 야   별 경   이룰 성   공 공   사람 자

G1집 3호 한자 카드

景

夜

功

成

夜景成功者

者

G단계 3호 해답

33a 1. 살 활, 무거울 중, 요긴할 요, 얻을 득
2.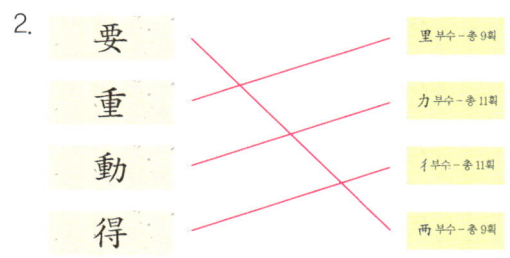

33b 3. 動力, 生活, 利得, 必要
4. 생활, 사용, 활동, 이용
34a 백야, 풍경
34b 성장, 성공
35a 부자
36a 夕, 밤, 야
36b 밤, 야, 夕, 8획
37a 日, 京, 볕, 경
37b 볕, 경, 日, 12획
39a 이룰, 성
39b 이룰, 성, 戈, 7획
40a 工, 力, 공, 공
40b 공, 공, 力, 5획
41a 사람, 자
41b 사람, 자, 耂(老), 9획
42a 夜, 미인, 부인, 광경
42b 성공, 부자
43a 1. 夜, 야식 2. 夜, 백야 3. 夜, 夜, 夜
43b 1. 景, 풍경 2. 景, 광경 3. 景, 景, 景
44a 1. 成, 성장 2. 成, 작성 3. 成, 成, 成
44b 1. 功, 성공 2. 功, 공신 3. 功, 功, 功
45a 1. 者, 기자 2. 者, 부자 3. 者, 者, 者
45b 1. 활용   2. ①   3. 成人
46a 1. 백야 2. 풍경 3. 성장 4. 공력 5. 기자
46b 1. 夜 2. 景 3. 成 4. 功 5. 者
47a 1. [연결선 문제]
2. 功, 景, 夜, 者
47b 3. 功, 景, 者, 成, 夜
4. 夜景, 成長, 風景, 富者, 成功

형성평가

1. ③   2. ①   3. 功, 공 공
4. 景   5. 공신   6. 설경
7. 夜   8. 成   9. 功
10. 공신 — 白 — 夜
11. 부자 — 富 — 臣
12. 백야 — 功 — 者
13. 合成
14. 信者
15. 夜行
16. ②
17. ①
18. ③
19. 記者
20. 夜光

펴낸이 : 정지향
펴낸곳 : (주)기탄교육
기획·편집·디자인 : 기탄교육연구소
주소 : 06698 서울특별시 서초구 효령로 42 기탄출판문화센터
등록 : 제22-1740호
전화 : (02) 586-1007
팩스 : (02) 586-2337

※서점에 갈 시간이 없거나 구하기 어려운 분은 인터넷 또는 전화로 신청하세요. 즉시 우송해 드립니다.
● www.gitan.co.kr

ⓒ 2005 (주)기탄교육 All rights reserved.
저작권자의 동의 없이 본 교재를 무단으로 복제하거나 전재하는 것을 금합니다.

G 단계에서 배운 한자들

夜 밤 야

功 공 공

景 볕 경

成 이룰 성

者 사람 자

果	實	夫	婦	美	重	要	活	動	得
열매 과	열매 실	남편 부	아내 부	아름다울 미	무거울 중	요긴할 요	살 활	움직일 동	얻을 득

받아쓰기

♥ 엄마가 한자나 한자어를 부르고 아이가 받아쓰도록 합니다.

4호

기탄교과서한자 G단계 1집 49a~64a

G1집
1a-64a

G1집
4호
49a-64a

초등 교과서 한자어를 총체 분석한 어휘력 향상 한자 학습 프로그램

기탄® 한자
교과서

공부한 날   월   일 ~ 월   일
교   반
이름   전화

www.gitan.co.kr

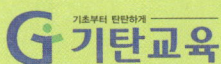

기초부터 탄탄하게
기탄교육

G단계 학습 한자 일람

G단계

1집	果, 實, 夫, 婦, 美	**2집**	時, 間, 空, 氣, 集	**3집**	問, 答, 登, 場, 省	**4집**	物, 件, 發, 電, 書
	重, 要, 活, 動, 得		現, 在, 協, 商, 事		春, 夏, 秋, 冬, 溫		高, 低, 苦, 樂, 朝
	夜, 景, 成, 功, 者		社, 會, 技, 能, 部		貴, 愛, 病, 死, 敬		眞, 理, 學, 習, 賞
	복습		복습		복습		복습

학습 진단 관리표

	한자		한자어		이번 주는	
	읽기	쓰기	읽기	쓰기		
금주평가	Ⓐ 아주 잘함	Ⓐ 아주 잘함	Ⓐ 아주 잘함	Ⓐ 아주 잘함	● 학습방법	❶ 매일매일 ❷ 가끔 ❸ 한꺼번에 하였습니다.
	Ⓑ 잘함	Ⓑ 잘함	Ⓑ 잘함	Ⓑ 잘함	● 학습태도	❶ 스스로 잘 ❷ 시켜서 억지로 하였습니다.
	Ⓒ 보통	Ⓒ 보통	Ⓒ 보통	Ⓒ 보통	● 학습흥미	❶ 재미있게 ❷ 싫증내며 하였습니다.
	Ⓓ 노력해야 함	Ⓓ 노력해야 함	Ⓓ 노력해야 함	Ⓓ 노력해야 함	● 교재내용	❶ 적합하다고 ❷ 어렵다고 ❸ 쉽다고 하였습니다.
	지도 교사가 부모님께				부모님이 지도 교사께	

종합평가	Ⓐ 아주 잘함	Ⓑ 잘함	Ⓒ 보통	Ⓓ 노력해야 함

1일차 (49a~52b)
- '복습해요'를 통해 G1집에서 익힌 15자의 훈, 음, 형을 복습합니다.
- G1집에서 익힌 15자의 부수, 자원, 훈, 음을 한 번 더 복습합니다.
- 자원 학습에서 부수의 명칭은 반드시 암기하지 않아도 무방합니다.

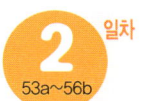
2일차 (53a~56b)
- 만화를 통해 고사성어 刻舟求劍의 뜻과 쓰임을 알아보고 적절한 때 사용할 수 있습니다.
- G1집에서 익힌 15자로 만들어지는 한자어의 음과 뜻을 한 번 더 복습합니다.
- 저학년의 경우 한자어의 읽기를 위주로 학습하고 쓰기는 선택적으로 학습합니다.

3일차 (57a~60b)
- 동화 '소가 골라 준 새 신랑'을 읽고 지금까지 배운 한자를 문장 속에 활용해 봅니다.
- G1집에서 익힌 15자의 훈, 음, 형을 쓰기를 통해 복습합니다.
- G1집에서 익힌 15자로 만들어지는 한자어를 복습합니다.

4일차 (61a~62b)
- G1집에서 익힌 한자어를 재미 있는 퍼즐 형식에 담아 풀어봅니다.
- 인물 이야기 '방사능 연구를 위해 몸 바친 퀴리 부인'을 읽고 학습 한자를 익힙니다.
- 신문 기사를 읽고 알고 있는 한자를 기사문에 적용해 풀이합니다.

5일차 (63a~64a)
- 풀어보기를 통해 G1집에서 익힌 15자의 훈, 음, 형을 복습합니다.
- 읽을거리 '흥청망청의 유래'를 읽고 흥청망청의 어원을 알아봅니다.
- 형성평가를 통해 G1집의 학습 성취도를 스스로 진단합니다.

복습해요

빈 칸에 알맞은 훈음을 쓰세요.

果

1. ☐

實

2. ☐

夫

3. 남편 부

婦

4. ☐

美

5. ☐

重

6. ☐

要

7. ☐

活

8. 살 활

9.
10. 얻을 득
11.
12.

13.
14.
15.

果 實 夫 婦 美 한번 더

다음 한자의 부수를 찾아 ◯하고, 필순에 맞게 한자를 쓰세요.

1. 果 — 人 ㊍ 山
2. 實 — 木 宀 田
3. 夫 — 一 小 大
4. 婦 — 女 大 宀
5. 美 — 羊 木 女

확인하기 木 : 나무 목(A1-3)   宀 : 집 면   大 : 큰 대(A4-14)   女 : 여자 녀(B4-14)   羊 : 양 양(B1-1)

빈 칸에 알맞게 쓰세요.

1. 果는 나무 위에 주렁주렁 달려 있는 열매의 모양을 본뜬 한자로 훈은 [　　] 이고, 음은 [　　] 입니다.

2. 實은 宀(집 면)과 毌(꿰뚫을 관)과 [　](조개 패)를 합한 한자로 훈은 [　　] 이고, 음은 [　　] 입니다.

3. 夫는 덩치 큰 어른(大)이 머리에 비녀(一)를 꽂고 있는 모양을 본뜬 한자로 훈은 [　　] 이고, 음은 [　　] 입니다.

4. 婦는 [　](여자 녀)와 帚(빗자루 추)를 합한 한자로 훈은 [　　] 이고, 음은 [　　] 입니다.

5. 美는 [　](양 양)과 [　](큰 대)를 합한 한자로 훈은 [　　] 이고, 음은 [　　] 입니다.

확인하기 毌: 꿰뚫을 관　貝: 조개 패(B3-9)　一: 하나 일(A2-5)　帚: 빗자루 추

重 要 活 動 得

🔶 다음 한자의 부수를 찾아 ◯하고, 필순에 맞게 한자를 쓰세요.

1.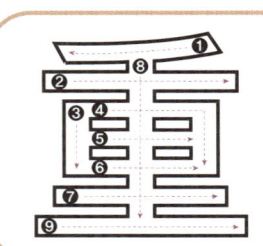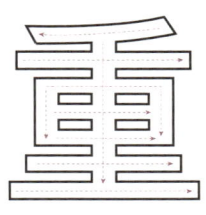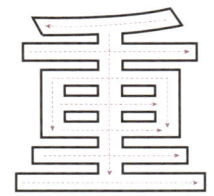

2.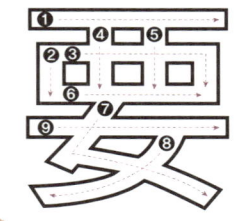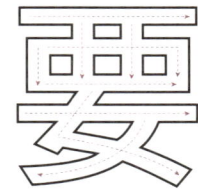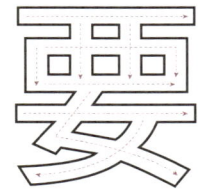

3.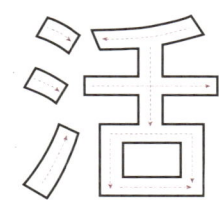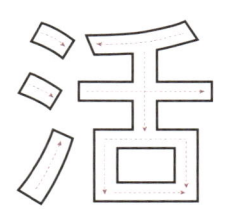

4.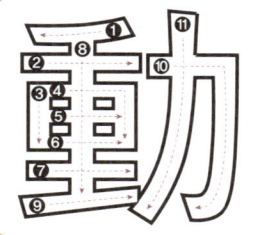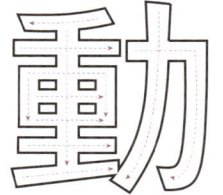

5.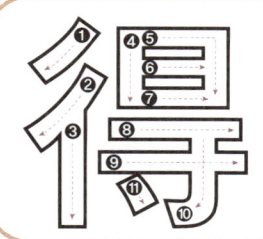

확인하기 里 : 마을 리(B3-11) 襾 : 덮을 아 水 : 물 수(A1-2) 力 : 힘 력(A4-14) 彳 : 조금 걸을 척

빈 칸에 알맞게 쓰세요.

1. 重은 ☐(사람 인)과 ☐(동녘 동)을 합한 한자로 훈은 ☐ 이고, 음은 ☐ 입니다.

2. 要는 兩(덮을 아)와 ☐(여자 녀)를 합한 한자로 훈은 ☐ 이고, 음은 ☐ 입니다.

3. 活은 ☐(물 수)와 ☐(혀 설)을 합한 한자로 훈은 ☐ 이고, 음은 ☐ 입니다.

4. 動은 ☐(무거울 중)과 ☐(힘 력)을 합한 한자로 훈은 ☐ 이고, 음은 ☐ 입니다.

5. 得은 길에서 돈처럼 귀중한 조개를 손으로 줍는 모양을 본뜬 한자로 훈은 ☐ 이고, 음은 ☐ 입니다.

확인하기 人 : 사람 인(A3-11)　東 : 동녘 동(D4-14)　女 : 여자 녀(B4-14)　舌 : 혀 설(B4-15)

🔸 다음 한자의 부수를 찾아 ◯하고, 필순에 맞게 한자를 쓰세요.

1. 夜 ㉡ 火 山
2. 景 日 夕 力
3. 成 戈 日 工
4. 功 夕 日 力
5. 者 力 耂 夕

확인하기 夕 : 저녁 석(B4-14)   日 : 날/해 일(A1-1)   戈 : 창 과   力 : 힘 력(A4-14)   老 : 늙을 로(D2-6)

빈 칸에 알맞게 쓰세요.

刻 : 새길 **각**　　舟 : 배 **주**　　求 : 구할 **구**　　劍 : 칼 **검**

刻舟求劍 각주구검

어리석고 미련하여 융통성이 없음을 비유하여 이르는 말입니다. 배에서 빠뜨린 칼을 찾으려고 칼이 떨어진 자리를 뱃전에 표시해 놓았다가 나중에 그 표시를 보고 칼을 찾으려 한다는 고사에서 유래 되었습니다.

漢字語 다지기
果 實 夫 婦 美

🐭 그림과 한자어를 연결하고 빈 칸에 음을 쓰세요.

1.

2.

3.

4.

5.

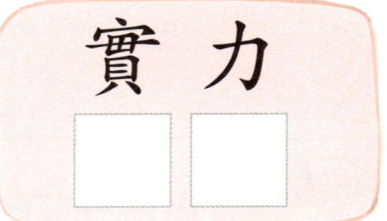

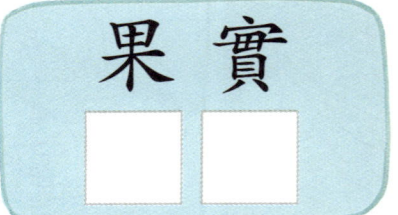

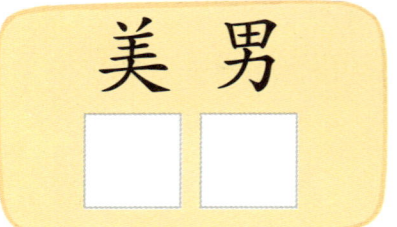

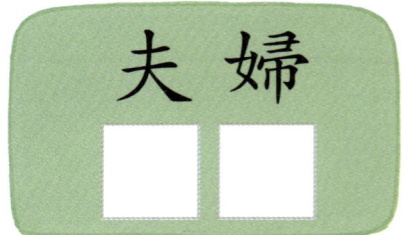

확인하기 漁 : 고기잡을 어(F1-3)   力 : 힘 력(A4-14)   男 : 남자 남(B4-14)

빈 칸에 알맞게 쓰세요.

1. 果
   □□ (청과) : 신선한 과실과 채소를 통틀어 이르는 말
   因果(□□) : 원인과 결과

2. 實
   □□ (과실) : 먹을 수 있는 나무의 열매
   實力(□□) : 실제로 일을 해낼 수 있는 능력

3. 夫
   工夫(□□) : 학문이나 기술을 배우거나 닦음
   漁夫(□□) : 고기잡이를 업으로 하는 사람

4. 婦
   夫婦(□□) : 남편과 아내. 내외
   □□ (주부) : 한 가정의 가장의 아내. 또는 주인인 부인

5. 美
   美男(□□) : 얼굴이 잘생긴 남자
   □□ (미인) : 얼굴이 아름다운 여자

확인하기 靑 : 푸를 청(D1-1)   因 : 인할 인(E1-3)   工 : 장인 공(B2-6)   主 : 주인 주(B3-10)   人 : 사람 인(A3-11)

漢字語 다지기
重要活動得

그림과 한자어를 연결하고 빈 칸에 음을 쓰세요.

1.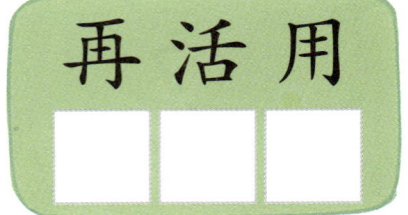

2.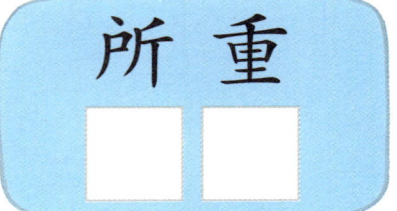

3.

4.

5.    自動車

확인하기 再 : 거듭 재(E4-15)   用 : 쓸 용(D1-3)   所 : 곳/바 소(D1-2)   必 : 반드시 필(E3-9)   自 : 스스로 자(B2-6)   車 : 수레 거/차(B2-5)

빈 칸에 알맞게 쓰세요.

1.
所重( ) : 매우 귀중함
重大( ) : 가볍게 여길 수 없을 만큼 아주 중요함

2.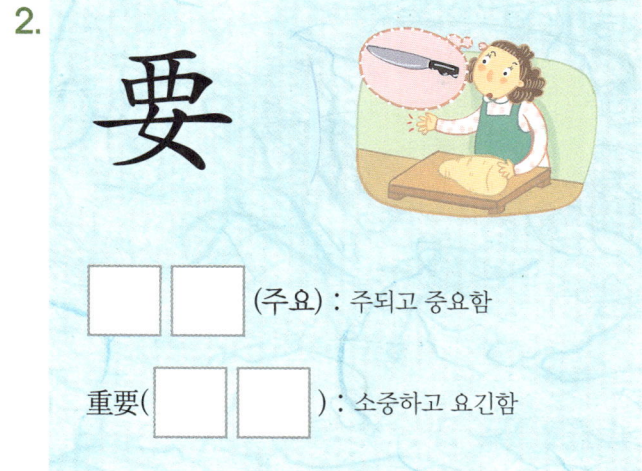
( )(주요) : 주되고 중요함
重要( ) : 소중하고 요긴함

3.
( )(활력) : 살아 움직이는 힘
生活( ) : 살아서 활동함. 생계를 유지하여 살아감

4.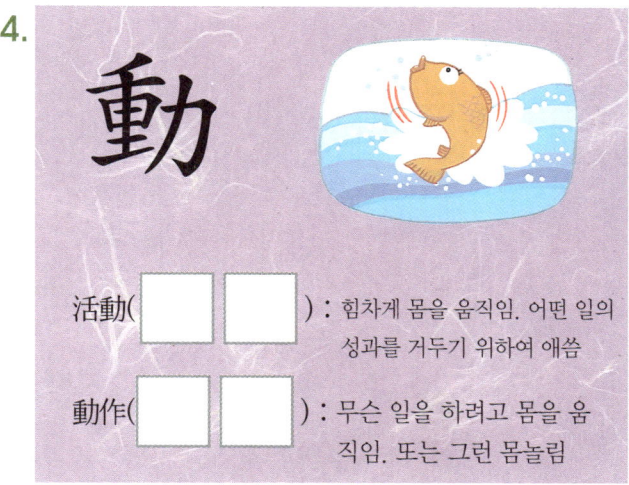
活動( ) : 힘차게 몸을 움직임. 어떤 일의 성과를 거두기 위하여 애씀
動作( ) : 무슨 일을 하려고 몸을 움직임. 또는 그런 몸놀림

5.
得失( ) : 얻음과 잃음
利得( ) : 이익을 얻음. 또는 그 이익

확인하기 　大 : 큰 대(A4-14)　　主 : 주인 주(B3-10)　　力 : 힘 력(A4-14)　　生 : 날 생(B1-3)　　作 : 지을 작(F3-10)　　失 : 잃을 실(E2-5)
利 : 이로울 리(D1-3)

漢字語 다지기

夜 景 成 功 者

그림과 한자어를 연결하고 빈 칸에 음을 쓰세요.

1. 　　 雪景

2. 　　功臣

3. 　　 完成

4. 　　 夜食

5. 　　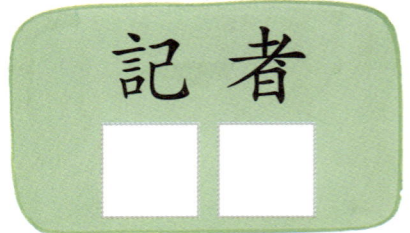 記者

확인하기　雪 : 눈 설(F4-15)　　臣 : 신하 신(C4-13)　　完 : 완전할 완(D3-10)　　食 : 먹을 식(C3-11)　　記 : 기록할 기(F4-13)

빈 칸에 알맞게 쓰세요.

1.
   □□ (야식) : 밤에 음식을 먹음. 또는 그 음식
   夜光(□□) : 밤 또는 어두운 곳에서 빛을 냄. 또는 그 빛

2.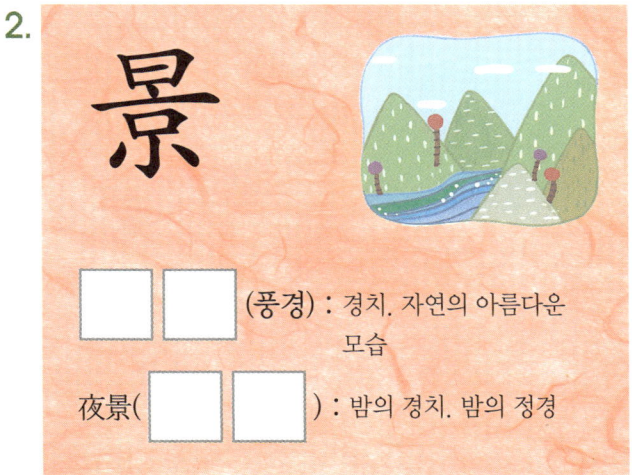
   □□ (풍경) : 경치. 자연의 아름다운 모습
   夜景(□□) : 밤의 경치. 밤의 정경

3.
   成長(□□) : 사람이나 동물 등 생물이 자라남
   □□ (작성) : 원고, 서류, 계획 따위를 만들어 이룸

4.
   成功(□□) : 뜻을 이룸. 부(富)나 사회적 지위를 얻음
   □□ (공신) : 나라에 공로가 있는 신하

5.
   富者(□□) : 살림이 넉넉하고 재산이 많은 사람
   老弱者(□□□) : 늙은이와 연약한 어린이

확인하기
光 : 빛 광(C2-7) 風 : 바람 풍(B3-11) 長 : 길/어른 장(D3-11) 作 : 지을 작(F3-10) 富 : 부유할 부(D2-6)
老 : 늙을 로(D2-6) 弱 : 약할 약(D2-6)

술술술 漢字 동화

동화를 읽고 보기 에서 알맞은 한자나 음을 찾아 쓰세요.

소가 골라 준 새 신랑 4

그런데 소가 청년의 집으로 가는 길을 어떻게 알았을까요? 거기에는 重要[　][　] 한 사실이 있습니다.

그 전날 야심한 밤, 잔치 준비로 부산하게 활동[　][　] 하던 사람들이 잠잠해진 틈을 타 청년이 살그머니 집에서 나왔습니다. 청년은 소가 가장 좋아하는 풀을 베어 소금물을 살짝 뿌려 두었지요. 소란 동물이 소금기를 좋아한다는 사실을 염두에 두고 말이지요.

그리고는 막내딸의 집에서부터 자기 집까지 이어지는 길에 아무도 모르게 풀을 슬그머니 뿌려 놓았던 것입니다! 이러한 이치는 열심히 농사를 지었기 때문에 얻을[　] 수 있었던 지혜였습니다.

보기 活動 得 중요 부자 행동 이득

아버지를 거역하지 않고도 사랑하는 사람의 신부가 된 막내딸 역시 무척 지혜롭고 마음씨 착한 아가씨지요. 아름다운 막내딸을 부인으로 맞이한 청년은 정말 행복했겠지요?

마을 富者○○들의 行動○○은 우리에게 어떤 교훈을 줄까요?

우리들도 마을 사람들처럼 어리석은 짓을 가끔 저지를 때가 있답니다. 그것은 우리가 남의 입장보다 자기 자신의 利得○○을 먼저 생각하는 일에 익숙하기 때문이지요.

진정으로 원하는 것을 얻기 위해서는 상대방이 원하는 것이 무엇인지를 알아야 합니다. 소를 끌어들이기 위해서는 소가 원하는 것을 알아야 한다는 당연한 이치를 잊지 마세요.

확인하기　富 : 부유할 부(D2-6)　　行 : 다닐/항렬 행/항(C2-7)　　利 : 이로울 리(D1-3)

마무리하기

果 實 夫 婦 美

빈 칸에 알맞은 훈음을 쓰고 필순에 맞게 한자를 쓰세요.

			ノ 口 日 旦 早 果 果	
果 1.	果	果		
			丶 宀 宀 宀 宁 宙 宙 宵 宵 宵 實 實	
實 2.	實	實	实	实
			一 二 チ 夫	
夫 3.	夫	夫		
			乀 夕 女 女 女 好 好 好 婦 婦	
婦 4.	婦	婦	妇	妇
			丶 丷 丷 业 羊 羊 美 美	
美 5.	美	美		

빈 칸에 알맞은 한자를 쓰세요.

1. 果

靑 [果]	[果] 實	因 [果]
청과	과실	인과

2. 實

口 [實]	行 [實]	[實] 力
구실	행실	실력

3. 夫

工 [夫]	[夫] 人	漁 [夫]
공부	부인	어부

4. 婦

夫 [婦]	主 [婦]	[婦] 女子
부부	주부	부녀자

5. 美

[美] 人	[美] 化	[美] 男
미인	미화	미남

重 要 活 動 得

마무리하기

빈 칸에 알맞은 훈음을 쓰고 필순에 맞게 한자를 쓰세요.

	한자	필순
1.	重	一 二 千 斤 斤 斤 斤 重 重
2.	要	一 一 一 两 西 西 要 要 要
3.	活	丶 丶 氵 氵 汙 汙 汗 活 活
4.	動	一 二 千 斤 斤 斤 斤 重 重 動 動
5.	得	丿 彳 彳 彳 彳 俘 俘 得 得 得 得

빈 칸에 알맞은 한자를 쓰세요.

1. 重

所⬜	⬜大	⬜要
소중	중대	중요

2. 要

必⬜	⬜求	主⬜
필요	요구	주요

3. 活

⬜用	生⬜	⬜字
활용	생활	활자

4. 動

行⬜	活⬜	自⬜車
행동	활동	자동차

5. 得

所⬜	利⬜	⬜失
소득	이득	득실

마무리하기

夜 景 成 功 者

빈 칸에 알맞은 훈음을 쓰고 필순에 맞게 한자를 쓰세요.

1. 夜 　丶 亠 广 亽 疒 疠 夜 夜

2. 景 　丨 冂 日 日 旦 早 昂 몸 룩 景 景

3. 成 　丿 厂 F 厅 成 成 成

4. 功 　一 丁 工 功 功

5. 者 　一 十 土 耂 耂 者 者 者

G1-60a 기탄한자

빈 칸에 알맞은 한자를 쓰세요.

1. 夜
   - ☐ 食 야식
   - ☐ 光 야광
   - ☐ 行 야행

2. 景
   - 風 ☐ 풍경
   - 雪 ☐ 설경
   - 夜 ☐ 야경

3. 成
   - ☐ 長 성장
   - 作 ☐ 작성
   - 合 ☐ 합성

4. 功
   - 成 ☐ 성공
   - ☐ 臣 공신
   - ☐ 力 공력

5. 者
   - 富 ☐ 부자
   - 步行 ☐ 보행자
   - 記 ☐ 기자

요리조리 漢字 퍼즐

설명에 맞도록 빈 칸에 알맞은 한자를 써 넣어 퍼즐을 완성하세요.

가로 열쇠

① 인과 : 원인과 결과
④ 실생활 : 실제의 생활. 현실 생활
⑤ 공부 : 학문이나 기술을 배우거나 닦음
⑦ 부녀자 : 부인과 여자라는 뜻으로, 여성을 뜻함
⑩ 중요 : 소중하고 요긴함
⑪ 보행자 : 걸어 다니는 사람

세로 열쇠

② 과실 : 먹을 수 있는 나무의 열매
③ 재활용 : 용도를 바꾸거나 가공하여 다시 이용함
⑥ 부부 : 남편과 아내. 내외
⑧ 노약자 : 늙은이와 연약한 어린이
⑨ 소중 : 매우 귀중함

人物 이야기로 배우는 漢字

📖 인물 이야기에 쓰인 한자어를 읽어 보세요.

방사능 연구를 위해 몸 바친 퀴리 부인

폴란드 태생 프랑스의 물리학자인 퀴리 婦人은 방사능에 관한 연구로 유명합니다.

그녀의 남편인 피에르 퀴리와 공동으로 1903년 노벨 물리학상을 받았으며, 1911년 단독으로 노벨 화학상을 받는 등 노벨상을 2번이나 받은 훌륭한 과학자입니다. 그녀는 새로운 원소인 폴로늄과 라듐을 발견하였습니다. 그 결과, 오늘날 방사능이라는 물질을 사용할 수 있게 되었습니다. 그들 夫婦의 오랜 연구 活動의 결과물인 라듐은 암 치료에 重要한 역할을 하는 원소였습니다. 사실, 이러한 라듐 제조법을 팔면 그들 부부는 물론 자녀까지 평생을 富者로 살 수 있었을 것입니다. 하지만 퀴리 부인은 "라듐은 전 인류의 것입니다."라고 말하며 대가 없이 제조법을 발표했습니다.

0.1g의 라듐을 얻기 위해 45개월 동안 1톤이 넘는 광석을 난로로 녹인 그녀의 피나는 노력은 마침내 큰 成功을 거두게 됩니다. 하지만 주야를 가리지 않은 연구는 그녀의 건강을 해치고 말았습니다. 결국 오랜 시간 방사능에 노출되어 얻게 된 백혈병으로 안타깝게 세상을 뜨고 말았습니다.

| 婦人 : 부인 | 夫婦 : 부부 | 活動 : 활동 | 重要 : 중요 | 富者 : 부자 | 成功 : 성공 |

퀴리 부인 [Marie Curie 1867.11.7~1934.7.4]
프랑스의 물리학자이자 화학자입니다. 폴란드의 바르샤바에서 태어났으며 가정교사 등의 직업을 거쳤습니다. 남편 피에르 퀴리와 결혼하여 공동으로 방사능 연구를 시작했고 1903년 노벨 물리학상을 받았습니다. 또 1911년에는 라듐과 폴로늄 발견으로 노벨 화학상을 받았습니다. 남편이 사고로 죽은 후에도 단독으로 계속 방사능을 연구하였고, 여성 최초로 소르본느 대학의 교수를 역임하기도 했습니다.

新聞으로 배우는 漢字

신문 기사를 읽고 물음에 답하세요.

나도 新聞을 읽을 수 있어요! 제4호

[주부 재 취업] 재교육기관 노크 해보자

불황으로 쪼들리는 살림에 보탬이 되고자 취업문을 두드리는 주부가 많아졌다. 지난달 인터넷 취업포털인 잡링크에 등록된 취업 희망 주부는 3만1370명. 지난 해보다 47.3%나 증가했다. 그러나 ㉠主婦가 취업에 ㉡成功하기는 여전히 쉽지 않다. 30~40대의 현직 회사원도 감원하는 판에 주부들이 정규직에 취업하기란 하늘의 별따기다. 그래서 주부 취업률이 높지 않고, 일자리를 잡는다 해도 임시직이나 아르바이트, 파트타임직이 대부분이다.

잡링크 이모 팀장은 "주부가 취업에 성공하려면 냉엄한 현실을 인식해야 한다."면서 "일단 눈높이를 낮추고 차별화된 전략을 세워 틈새시장을 공략해야 한다."고 강조한다.

◆과거 경험 활용해야=광고회사 AE(영업기획)로 일하다 아이들을 키우느라 그만둔 주부 김모(33세)씨. 김씨는 최근 5년 만에 같은 직종에 재취업했다. 집에서 안주하기에는 자신의 경험이 아깝다는 생각에서였다. 김씨는 "하루가 다르게 바뀌는 업계 흐름을 따라 잡기가 가장 힘들었다."면서 "과거 직장 ㉢生活을 통해 알고 지내던 인맥을 총동원해 일자리정보를 얻어냈다."고 말했다. 과거 네트워크가 탄탄할수록 재취업이 원활해진다는 것을 알려주는 사례다.

김씨는 또 5년간의 업무 공백을 메우기 위해 신문, 업계 소식지, 인터넷을 통해 꾸준히 '감'을 유지해 왔다. 전문가들은 "직장을 그만둘 때 언젠가 재취업을 염두에 두고 있다면 관련 직무에 대한 교육을 꾸준히 받거나 프리랜서, 아르바이트 활동을 통해 직무에 대한 관심을 놓지 않는 게 ㉣重要하다."고 지적한다.

[중앙일보] 2004-12-05

---

1. ㉠의 음을 쓰세요.

2. ㉡의 음을 쓰세요.

3. ㉢의 음을 쓰세요.

4. ㉣의 음을 쓰세요.

풀어보기

1. 다음 한자의 훈음을 쓰세요.

1) 美
2) 得
3) 景
4) 動
5) 夫
6) 婦
7) 重
8) 者
9) 夜
10) 成
11) 果
12) 實
13) 功
14) 活
15) 要

2. 다음 빈 칸에 들어갈 한자를 보기 에서 찾아 쓰세요.

보기: 果 實 婦 活 夫 要 得 夜 成

16) □長 ······ 성장
17) 靑□ ······ 청과
18) □□ ······ 과실
19) 主□ ······ 주요
20) 工□ ······ 공부
21) □食 ······ 야식
22) □用 ······ 활용
23) □□ ······ 부부
24) 漁□ ······ 어부
25) 所□ ······ 소득

3. 다음 한자어와 풀이를 바르게 연결하세요.

26) 실력 • • 밤 또는 어두운 곳에서 빛을 냄. 또는 그 빛 • • 夜光

27) 부녀자 • • 밤의 경치. 밤의 정경 • • 實力

28) 야광 • • 실제로 일을 해낼 수 있는 능력 • • 夜景

29) 야경 • • 부인과 여자라는 뜻으로, 여성을 뜻함 • • 工夫

30) 공부 • • 학문이나 기술을 배우거나 닦음 • • 婦女子

4. 다음 훈음에 알맞은 한자를 쓰세요.

31) 아름다울 미

32) 이룰 성

33) 살 활

34) 밤 야

35) 무거울 중

36) 열매 과

37) 얻을 득

38) 공 공

흥청망청의 유래

흥청망청(興淸亡淸)이란 돈이나 물건 따위를 마구 써 버리는 모양을 이르는 말입니다.
이 말은 연산군 때 생긴 말입니다.
연산군은 자신의 생모인 폐비 윤씨의 죽음을 애통해 하다가 어머니의 한을 풀기 위해 많은 사람들을 죽이고 온갖 악행을 일삼은 폭군입니다. 그는 정사에는 관심이 없었고 조선 팔도에 채홍사라는 관리를 파견하여 각 지방에서 예쁜 처녀를 뽑아 올리도록 하였습니다. 또한 전국 방방곡곡의 좋은 말들을 뽑아 바치도록 하기도 했습니다.

당시에는 기생을 운평이라고 불렀는데 기생 중에서 뽑혀서 대궐로 들어오게 되면 흥청(興淸)이라고 호칭이 바뀌었습니다. 맑은 기운을 불러일으킨다는 의미에서 지은 명칭이었습니다.
연산군은 매일 흥청들을 불러 놓고 정사는 돌보지 않고 주색에 빠져 지냈습니다.
특히 그는 말타기를 즐겼는데 스스로가 말이 되어서 흥청들을 태우기도 하고 흥청들에게 말노릇을 하도록 시키기도 하였습니다. 여기에서 흥청거린다는 말이 나오게 되었습니다.

결국 연산군은 중종 반정으로 왕좌에서 밀려나 목숨을 잃고 조선 왕조도 쇠퇴의 길을 걷게 되었습니다. 이를 두고 당시 사람들이 '흥청 때문에 연산군이 망했다' '흥청(興淸)은 곧 망청(亡淸)이다' 라고 말한 데서 유래되어 성어로 굳어지게 되었습니다.
현재는 의미가 약간 변색되어 많은 재산이나 권세가 있어 돈이나 금품 따위를 함부로 쓰는 행위를 뜻하게 되었습니다.

興 : 일 흥   淸 : 맑을 청   亡 : 망할 망

형성평가

G단계 4호

날짜: 월 일 점수

🐭 왼쪽의 훈음에 알맞은 한자를 쓰세요.

1. 훈 : 열매 음 : 실 ☐

2. 훈 : 무거울 음 : 중 ☐

🐭 다음 물음에 답하세요.

3. 다음 한자와 음이 바르게 연결된 것을 고르세요.

① 果 – 미   ② 活 – 활   ③ 功 – 경   ④ 動 – 중

4. 다음 한자와 훈이 바르게 연결되지 않은 것을 고르세요.

① 夜 – 밤   ② 者 – 사람   ③ 婦 – 남편   ④ 美 – 아름다울

5. 다음 빈 칸에 알맞은 한자와 훈음을 쓰세요.

 →  → 者 → ☐ ☐

6. 다음 설명에 알맞은 한자를 쓰세요.

女(여자 녀)와 帚(빗자루 추)를 합해 만든 한자입니다. 빗자루(帚)를 들고 있는 여자(女)의 모습에서 며느리, 지어미, 아내라는 뜻을 나타내는 한자입니다.

🐭 다음 한자어의 음을 쓰세요.

7. 工夫 ☐ ☐

8. 美男 ☐ ☐

9. 活動 ☐ ☐

10. 功臣 ☐ ☐

다음 빈 칸에 공통적으로 들어갈 한자를 보기에서 찾아 쓰세요.

보기: 動 得 成 活

11. ☐실 소☐ 이☐ ……… ☐

12. 합☐ ☐장 작☐ ……… ☐

13. 활☐ ☐행 ☐력 ……… ☐

다음 물음에 답하세요.

14. '신선한 과실과 채소를 통틀어 이르는 말'을 뜻하는 한자어를 고르세요.
   ① 青果   ② 成果   ③ 必要   ④ 白夜

15. '밤의 경치. 밤의 정경'을 뜻하는 한자어를 고르세요.
   ① 口實   ② 夜景   ③ 所重   ④ 動力

16. 利得의 알맞은 풀이를 고르세요.
   ① 주되고 중요함
   ② 산의 경치
   ③ 일 따위가 이루어짐
   ④ 이익을 얻음. 또는 그 이익

다음 보기에서 알맞은 한자어를 찾아 쓰세요.

보기: 雪景 富者 果實 必要

17. 설 경 ☐☐
18. 부 자 ☐☐
19. 필 요 ☐☐
20. 과 실 ☐☐

정답 수	평가 결과 및 향후 진도
16~20문항	잘했어요. G2집 5호로 진행하세요.
11~15문항	부족해요. 틀린 문제의 한자를 다시 학습한 후 G2집 5호로 진행하세요.
10문항 이하	많이 부족해요. 이번 호를 복습한 후 다음 호로 진행하세요.

果	實	夫	婦	美
열매 과	열매 실	남편 부	아내 부	아름다울 미

重	要	活	動	得
무거울 중	요긴할 요	살 활	움직일 동	얻을 득

夜	景	成	功	者
밤 야	볕 경	이룰 성	공 공	사람 자

果 實 夫 婦 美

重 要 活 動 得

夜 景 成 功 者

G단계 4호 해답

49a	1. 열매 과	2. 열매 실	3. 남편 부	
	4. 아내 부	5. 아름다울 미	6. 무거울 중	
	7. 요긴할 요	8. 살 활		
49b	9. 움직일 동	10. 얻을 득	11. 밤 야	
	12. 볕 경	13. 이룰 성	14. 공 공	
	15. 사람 자			
50a	1. 木 2. 宀 3. 大 4. 女 5. 羊			
50b	1. 열매, 과		2. 貝, 열매, 실	
	3. 남편, 부		4. 女, 아내, 부	
	5. 羊, 大, 아름다울, 미			
51a	1. 里 2. 兩 3. 氵 4. 力 5. 亻			
51b	1. 亻, 東, 무거울, 중		2. 女, 요긴할, 요	
	3. 氵, 舌, 살, 활		4. 重, 力, 움직일, 동	
	5. 얻을, 득			
52a	1. 夕 2. 日 3. 戈 4. 力 5. 耂			
52b	1. 夕, 밤, 야 2. 日, 京, 볕, 경 3. 이룰, 성			
	4. 工, 力, 공, 공 5. 사람, 자			
54a	어부, 실력, 과실, 미남, 부부			
54b	1. 靑果, 인과 2. 果實, 실력 3. 공부, 어부			
	4. 부부, 主婦 5. 미남, 美人			
55a	재활용, 소중, 소득, 필요, 자동차			
55b	1. 소중, 중대 2. 主要, 중요 3. 活力, 생활			
	4. 활동, 동작 5. 득실, 이득			
56a	설경, 공신, 완성, 야식, 기자			
56b	1. 夜食, 야광 2. 風景, 야경 3. 성장, 作成			
	4. 성공, 功臣 5. 부자, 노약자			
57a	중요, 活動, 득			
57b	부자, 행동, 이득			
61b	① 果	② 果, 實	③ 再, 活, 用	

	④ 實, 活	⑤ 夫	⑥ 夫, 婦
	⑦ 婦	⑧ 老, 者	⑨ 所
	⑩ 要	⑪ 行, 者	
62b	1. 주부 2. 성공 3. 생활 4. 중요		
63a	1) 아름다울 미	2) 얻을 득	3) 볕 경
	4) 움직일 동	5) 남편 부	6) 아내 부
	7) 무거울 중	8) 사람 자	9) 밤 야
	10) 이룰 성	11) 열매 과	12) 열매 실
	13) 공 공	14) 살 활	15) 요긴할 요
	16) 成	17) 果	18) 果實
	19) 要	20) 夫	21) 夜
	22) 活	23) 夫婦	24) 夫
	25) 得		

63b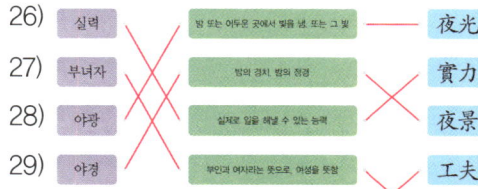

	31) 美	32) 成	33) 活
	34) 夜	35) 重	36) 果
	37) 得	38) 功	

형성평가

1. 實   2. 重   3. ②   4. ③
5. 者, 사람 자   6. 婦   7. 공부
8. 미남   9. 활동   10. 공신   11. 得
12. 成   13. 動   14. ①   15. ②
16. ④   17. 雪景   18. 富者   19. 必要
20. 果實

펴낸이 : 정지향
펴낸곳 : (주)기탄교육
기획·편집·디자인 : 기탄교육연구소
주소 : 06698 서울특별시 서초구 효령로 42 기탄출판문화센터
등록 : 제22-1740호
전화 : (02)586-1007
팩스 : (02)586-2337

※서점에 갈 시간이 없거나 구하기 어려운 분은 인터넷 또는 전화로 신청하세요. 즉시 우송해 드립니다.
● www.gitan.co.kr

ⓒ 2005 (주)기탄교육 All rights reserved.
저작권자의 동의 없이 본 교재를 무단으로 복제하거나 전재하는 것을 금합니다.

G단계에서 배운 한자들

| 夜 밤 야 | 景 볕 경 | 成 이룰 성 | 功 공 공 | 者 사람 자 |
| 果 열매 과 | 實 열매 실 | 夫 남편 부 | 婦 아내 부 | 美 아름다울 미 | 重 무거울 중 | 要 요긴할 요 | 活 살 활 | 動 움직일 동 | 得 얻을 득 |

기획·편집·디자인 기탄교육연구소 | **디자인** So good
원고 집필 서정화 여찬수 김호기 이은영 | **캐릭터 디자인** 강소연 | **일러스트** 1집: 배은정 정진이 박희숙 김은주 윤미란 2집: 강명근 박선영 김희정 이야기상자
3집: 홍경아 이미연 박희숙 김은주 이윤하 4집: 박선영 홍숙희 김예중 김희정 윤지현 | **만화** 양은희 | **전자 편집** 푸른길
주소 06698 서울특별시 서초구 효령로 42 기탄출판문화센터 | **전화** (02) 586-1007 | **팩스** (02) 586-2337
ⓒ 2005 (주)기탄교육 All rights reserved. 본 교재의 저작에 관한 모든 권리는 (주)기탄교육에 있습니다. 저작권자의 동의 없이 본 교재를 무단으로 복제하거나 전재하는 것을 금합니다.

기탄 교과서 한자

쓰기 보따리

G1집
1a - 64a

기초부터 탄탄하게
G 기탄교육

기탄 교과서 한자

G단계 1집

쓰기보따리

필순이란?

한자를 가장 쉽고 편하게 쓰는 순서를 말합니다. 필순에 따라 한자를 쓰면 글자의 형태에 따른 짜임새를 파악하기 쉽고 맵시 있는 모양으로 한자를 써 나갈 수 있습니다.

 이와 같이 필순이란 한자의 모양을 정돈하고 바르게 쓰기 위해 오랜 세월동안 연구되어 오고 오늘날까지 전해져 내려온 것이므로 필순에 따라서 한자를 쓰는 것이 바람직합니다. 그러므로 한자마다 일정한 필순을 지니고 있습니다. 그러나 예외가 있는 것도 인정되고 한 글자에 두 가지의 필순이 있는 것도 있습니다. 이는 필순이 서로 다른 것이 존재한다는 것이지 틀린 것이 아닙니다.

 예전처럼 붓으로 한자를 쓰던 시대에는 점과 획의 순서와 방향에 따라 글자의 모양도 영향을 받았으나 현재처럼 필기구가 변화되고 컴퓨터에 의한 입력이 대부분인 시대에 와서는 예외적인 필순의 통용이 더욱 증가되는 추세입니다. 하지만 일반적인 필순은 반드시 지켜야 하는 기본 원칙이 존재합니다. 이 기본 원칙은 꼭 지키며 한자를 쓰는 습관이 중요합니다.

 G단계 1집에서 익힌 한자와 한자어를 필순의 기본 원칙을 지키며 써 보세요.

漢字쓰기

果의 훈음을 큰소리로 읽고 필순에 맞게 한자를 쓰세요.

열매 과

丨 冂 曰 日 旦 甲 果 果

果	果	果	果
열매 과	열매 과	열매 과	열매 과

果
木 부수 – 총 8획

● 果로 만든 한자어 : 成果(성과)   果實(과실)   靑果(청과)   因果(인과)   無花果(무화과)

漢字쓰기

🖉 實의 훈음을 큰소리로 읽고 필순에 맞게 한자를 쓰세요.

열매 실

丶丶宀宀宀宁宵宵宵宵實實

實	實	實	實
열매 실	열매 실	열매 실	열매 실

實
宀 부수 - 총 14획

● 實로 만든 한자어 : 行實(행실)　　實力(실력)　　口實(구실)　　果實(과실)　　實生活(실생활)

漢字 쓰기

🖎 夫의 훈음을 큰소리로 읽고 필순에 맞게 한자를 쓰세요.

夫
남편 부

一 二 夫 夫

夫	夫	夫	夫
남편 부	남편 부	남편 부	남편 부

夫
大 부수 - 총 4획

● 夫로 만든 한자어 : 工夫(공부)   夫人(부인)   漁夫(어부)   夫婦(부부)   夫子(부자)

漢字 쓰기

● 婦의 훈음을 큰소리로 읽고 필순에 맞게 한자를 쓰세요.

아내 부

く 夊 女 女` 女ヨ 女ㅋ 妒 妒 婦 婦 婦

婦 婦 婦 婦

아내 부 　 아내 부 　 아내 부 　 아내 부

婦
女 부수 – 총 11획

● 婦로 만든 한자어 : 夫婦(부부)　婦人(부인)　婦女子(부녀자)　主婦(주부)　孝婦(효부)

漢字쓰기

✍ 美의 훈음을 큰소리로 읽고 필순에 맞게 한자를 쓰세요.

아름다울 미

羊 부수 – 총 9획

丶 丷 䒑 羊 羊 美 美

美	美	美	美
아름다울 미	아름다울 미	아름다울 미	아름다울 미

● 美로 만든 한자어 : 美國人(미국인)　　美人(미인)　　美男(미남)　　美化員(미화원)　　美化(미화)

漢字쓰기

✏️ 重의 훈음을 큰소리로 읽고 필순에 맞게 한자를 쓰세요.

무거울 중

重

里 부수 - 총 9획

丿 二 千 千 千 千 舌 重 重

重	重	重	重
무거울 중	무거울 중	무거울 중	무거울 중

● 重으로 만든 한자어 : 重要(중요)   所重(소중)   重大(중대)   貴重(귀중)

漢字쓰기

✏️ 要의 훈음을 큰소리로 읽고 필순에 맞게 한자를 쓰세요.

要
요긴할 요

一 「 冂 币 币 西 西 要 要 要

要　要　要　要
요긴할 요　요긴할 요　요긴할 요　요긴할 요

要
西 부수 – 총 9획

● 要로 만든 한자어 : 必要(필요)　主要(주요)　要求(요구)　要所(요소)

 漢字쓰기

活의 훈음을 큰소리로 읽고 필순에 맞게 한자를 쓰세요.

활

丶 冫 氵 汗 汗 活 活 活

活 活 活 活

살 활　　살 활　　살 활　　살 활

氵 부수 - 총 9획

● 活로 만든 한자어 : 活用(활용)　　生活(생활)　　活字(활자)　　活力(활력)　　再活用(재활용)

漢字쓰기

動의 훈음을 큰소리로 읽고 필순에 맞게 한자를 쓰세요.

動
움직일 동

丿 二 亻 亽 盲 盲 重 重 動 動

動	動	動	動
움직일 동	움직일 동	움직일 동	움직일 동

動
力 부수 – 총 11획

● 動으로 만든 한자어 : 活動(활동)　行動(행동)　動力(동력)　動作(동작)　自動車(자동차)

漢字쓰기

✏️ 得의 훈음을 큰소리로 읽고 필순에 맞게 한자를 쓰세요.

得
얻을 득

ノ ク 彳 彳 彳 卩 卩 㣙 㣙 得 得 得

得	得	得	得
얻을 득	얻을 득	얻을 득	얻을 득

得
彳 부수 - 총 11획

● 得으로 만든 한자어 : 所得(소득)　利得(이득)　得失(득실)

漢字쓰기

🔆 夜의 훈음을 큰소리로 읽고 필순에 맞게 한자를 쓰세요.

夜
밤 야

丶 亠 广 疒 疒 夜 夜 夜

夜 夜 夜 夜
밤 야   밤 야   밤 야   밤 야

夜
夕 부수 – 총 8획

● 夜로 만든 한자어 : 夜食(야식)   夜光(야광)   夜行(야행)   白夜(백야)

漢字쓰기

🔸 景의 훈음을 큰소리로 읽고 필순에 맞게 한자를 쓰세요.

볕 경

丨 冂 冋 日 旦 昃 昃 景 景 景 景 景

景	景	景	景
볕 경	볕 경	볕 경	볕 경

景

日 부수 - 총 12획

● 景으로 만든 한자어 : 風景(풍경)   光景(광경)   夜景(야경)   山景(산경)   雪景(설경)

漢字쓰기

成의 훈음을 큰소리로 읽고 필순에 맞게 한자를 쓰세요.

이룰 성

丿 厂 厂 厅 成 成 成

成
이룰 성

成
戈 부수 – 총 7획

● 成으로 만든 한자어 : 成長(성장)　作成(작성)　合成(합성)　完成(완성)　成立(성립)

G1집 쓰기 보따리 -13

漢字쓰기

✎ 功의 훈음을 큰소리로 읽고 필순에 맞게 한자를 쓰세요.

공 공

一 丁 工 功 功

功 功 功 功

공 공   공 공   공 공   공 공

力 부수 – 총 5획

● 功으로 만든 한자어 : 成功(성공)   功臣(공신)   年功(연공)   功力(공력)

漢字쓰기

者의 훈음을 큰소리로 읽고 필순에 맞게 한자를 쓰세요.

사람 자

一 十 土 耂 耂 者 者 者 者

者 者 者 者

사람 자　사람 자　사람 자　사람 자

耂(老) 부수 - 총 9획

● 者로 만든 한자어 : 記者(기자)　富者(부자)　信者(신자)　步行者(보행자)　老弱者(노약자)

漢字語 쓰기

果, 實이 들어가는 한자어를 알아보고 빈 칸에 알맞게 쓰세요.

成	果
이룰 성	열매 과

成果(성과) : 이루어 내거나 이루어진 결과

果	實
열매 과	열매 실

果實(과실) : 먹을 수 있는 나무의 열매

靑	果
푸를 청	열매 과

靑果(청과) : 신선한 과실과 채소를 통틀어 이르는 말

行	實
다닐/항렬 행/항	열매 실

行實(행실) : 일상의 행동

實	力
열매 실	힘 력

實力(실력) : 실제로 일을 해낼 수 있는 능력

口	實
입 구	열매 실

口實(구실) : 핑곗거리. 변명할 재료

漢字語 쓰기

📘 夫, 婦가 들어가는 한자어를 알아보고 빈 칸에 알맞게 쓰세요.

工夫(공부) : 학문이나 기술을 배우거나 닦음

夫人(부인) : 남을 높이어 그의 아내를 일컫는 말

漁夫(어부) : 고기잡이를 업으로 하는 사람

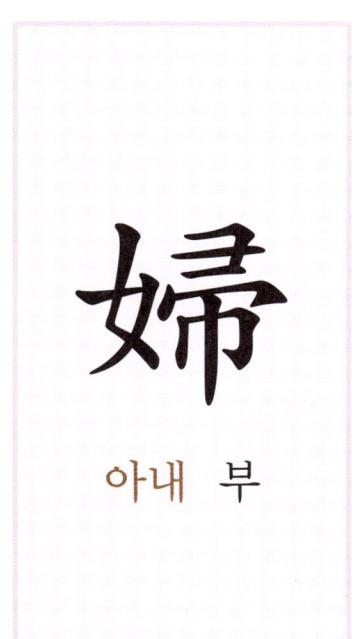

夫婦(부부) : 남편과 아내. 내외

婦人(부인) : 결혼한 여자

主婦(주부) : 한 가정의 가장의 아내. 또는 주인인 부인

漢字語 쓰기

美가 들어가는 한자어를 알아보고 빈 칸에 알맞게 쓰세요.

美
아름다울 미

美國人(미국인) : 미국 사람

美人(미인) : 얼굴이 아름다운 여자

美男(미남) : 얼굴이 잘생긴 남자

漢字語 쓰기

重, 要가 들어가는 한자어를 알아보고 빈 칸에 알맞게 쓰세요.

重要(중요): 소중하고 요긴함

所重(소중): 매우 귀중함

重大(중대): 가볍게 여길 수 없을 만큼 아주 중요함

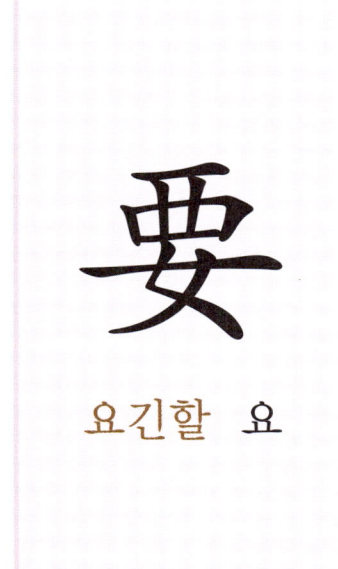

必要(필요): 꼭 소용이 됨

主要(주요): 주되고 중요함

要求(요구): 필요한 것이나 받아야 할 것을 달라고 청구함

漢字語 쓰기

活, 動이 들어가는 한자어를 알아보고 빈 칸에 알맞게 쓰세요.

活用
살 활 / 쓸 용

活用(활용) : 그것이 지닌 능력이나 기능을 잘 살려 씀

生活
날 생 / 살 활

生活(생활) : 살아서 활동함. 생계를 유지하여 살아감

活字
살 활 / 글자 자

活字(활자) : 활판 인쇄에 쓰이는 일정한 규격의 글자

活動
살 활 / 움직일 동

活動(활동) : 힘차게 몸을 움직임. 어떤 일의 성과를 거두기 위하여 애씀

行動
다닐/항렬 행/항 / 움직일 동

行動(행동) : 몸을 움직임. 또는 그 동작

動力
움직일 동 / 힘 력

動力(동력) : 어떠한 물체를 움직이게 하는 힘

漢字語 쓰기

得이 들어가는 한자어를 알아보고 빈 칸에 알맞게 쓰세요.

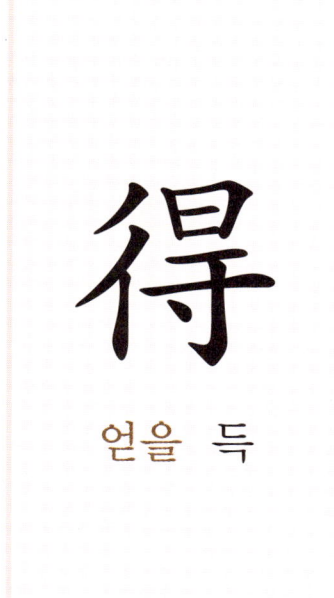

得 얻을 득

所	得
곳/바 소	얻을 득

所得(소득) : 어떤 일의 결과로 얻는 것. 이익. 경제 활동을 하여 얻은 수입이나 이익

利	得
이로울 리	얻을 득

利得(이득) : 이익을 얻음. 또는 그 이익

得	失
얻을 득	잃을 실

得失(득실) : 얻음과 잃음

漢字語 쓰기

🔖 夜, 景이 들어가는 한자어를 알아보고 빈 칸에 알맞게 쓰세요.

夜	食
밤 야	먹을 식

夜食(야식) : 밤에 음식을 먹음. 또는 그 음식

夜	光
밤 야	빛 광

夜光(야광) : 밤 또는 어두운 곳에서 빛을 냄. 또는 그 빛

夜	行
밤 야	다닐/항렬 행/항

夜行(야행) : 밤에 길을 감. 밤에 다니거나 활동함

風	景
바람 풍	볕 경

風景(풍경) : 경치. 자연의 아름다운 모습

光	景
빛 광	볕 경

光景(광경) : 눈에 보이는 경치. 또는 어떤 장면의 모습

夜	景
밤 야	볕 경

夜景(야경) : 밤의 경치. 밤의 정경

漢字語 쓰기

○ 成, 功이 들어가는 한자어를 알아보고 빈 칸에 알맞게 쓰세요.

成	長		
이룰 성	길/어른 장		

成長(성장): 사람이나 동물 등 생물이 자라남

作	成		
지을 작	이룰 성		

作成(작성): 원고, 서류, 계획 따위를 만들어 이룸

合	成		
합할 합	이룰 성		

合成(합성): 두 가지 이상이 합하여 하나를 이룸

成	功		
이룰 성	공 공		

成功(성공): 뜻을 이룸. 부(富)나 사회적 지위를 얻음

功	臣		
공 공	신하 신		

功臣(공신): 나라에 공로가 있는 신하

年	功		
해 년	공 공		

年功(연공): 여러 해 동안 근무한 공로

漢字語 쓰기

者가 들어가는 한자어를 알아보고 빈 칸에 알맞게 쓰세요.

者 사람 자

記	者	記		記	
기록할 기	사람 자				

記者(기자) : 신문, 잡지, 방송 등에서 기사를 모으거나 쓰거나 하는 사람

富	者	富		富	
부유할 부	사람 자				

富者(부자) : 살림이 넉넉하고 재산이 많은 사람

信	者	信		信	
믿을 신	사람 자				

信者(신자) : 어떤 종교를 믿는 사람

필순의 일반적 원칙

1. **위에서 아래로 씁니다.**

    三: 一 二 三   言: ` 一 二 늘 言 言

2. **왼쪽에서 오른쪽으로 씁니다.**

    川: ノ 丿 川   林: 一 十 才 木 木 村 村 林

3. **가로획과 세로획이 교차될 때는 가로획을 먼저 씁니다.**

    十: 一 十   土: 一 十 土

4. **좌우의 모양이 같을 때는 가운데를 먼저 씁니다.**

    小: 亅 小 小   水: 亅 기 가 水

5. **전체를 꿰뚫는 획은 제일 나중에 씁니다.**

    中: ` 口 口 中   母: ㄴ 口 口 母 母

6. **바깥쪽과 안쪽이 있을 때는 바깥쪽을 먼저 씁니다.**

    風: ノ 几 几 凡 凤 凤 風 風 風   向: ` 亻 冂 冋 向 向

7. **둘레를 막아 주는 획은 마지막에 씁니다.**

    目: ㅣ 冂 冂 目 目   四: ㅣ 冂 冂 四 四

기탄 한자 쓰기 보따리

펴낸이 : 정지향 | **펴낸곳** : (주)기탄교육 | **기획·편집·디자인** : 기탄교육연구소
주소 : 06698 서울특별시 서초구 효령로 42 기탄출판문화센터 | **등록** : 제22-1740호 | **전화** : (02)586-1007 | **팩스** : (02)586-2337
※서점에 갈 시간이 없거나 구하기 어려운 분은 인터넷 또는 전화로 신청하세요. 즉시 우송해 드립니다. www.gitan.co.kr
ⓒ 2005 (주)기탄교육 All rights reserved. 본 교재의 저작에 관한 모든 권리는 (주)기탄교육에 있습니다.
저작권자의 동의 없이 본 교재를 무단으로 복제하거나 전재하는 것을 금합니다.